SPASS AN WORKING EQUITATION

DER GELUNGENE EINSTIEG

(Foto: Alison Marburger)

Stefan Baumgartner

SPASS AN WORKING EQUITATION

DER GELUNGENE EINSTIEG

Haftungsausschluss

Der Autor, der Verlag und alle anderen an diesem Buch direkt oder indirekt beteiligten Personen lehnen für Unfälle oder Schäden jeder Art, die aus in diesem Buch dargestellten Übungen entstehen können, jegliche Haftung ab.

Achten Sie immer auf die entsprechende Sicherheitsausrüstung für sich selbst: feste Schuhe und Handschuhe bei der Bodenarbeit sowie Reithelm, Reitstiefel/-schuhe, Reithandschuhe und gegebenenfalls Sicherheitsweste beim Reiten.

IMPRESSUM

Copyright © 2015 by Cadmos Verlag, Schwarzenbek

Satz: Pinkhouse Design, Wien
Titelgestaltung und Layout: www.ravenstein2.de
Coverfoto: Archiv Gabriele Boiselle / Alexandra Evang
Fotos im Innenteil: Gaby Brockers, Alison Marburger, Patrick Waßmuth
Lektorat: Sarah Koller

Druck und Bindung: Westermann Druck, Zwickau

Deutsche Nationalbibliothek – CIP-Einheitsaufnahme
Die Deutsche Nationalbibliothek verzeichnet diese Publikation in der Deutschen Nationalbibliografie; detaillierte bibliografische Daten sind im Internet über http://dnb.ddb.de abrufbar.

Alle Rechte vorbehalten.

Abdruck oder Speicherung in elektronischen Medien nur nach vorheriger schriftlicher Genehmigung durch den Verlag.

Printed in Germany

ISBN: 978-3-8404-1519-7

INHALT

8 .... *Vorwort*

13 .... *Was erwarten wir von unserem Pferd?*

17 .... *Gedanken zur Ausbildung*
18 .... Auszubilden bedeutet zu lernen
21 .... Feine Hilfen
27 .... Ethik in der Ausbildung

31 .... *Die Ausrüstung*
32 .... Für die Bodenarbeit
32 .... Zaumzeuge
32 .... Gebisse
35 .... Sättel

37 .... *Was ist Working Equitation?*
38 .... Dressur in der Working Equitation
38 .... Stiltrail
43 .... Speedtrail
44 .... Rinderarbeit

(Foto: Patrick Waßmuth)

INHALT

47	*Bodenarbeit à la Worker*
48	Das Longieren
53	Longieren unter Ablenkung
58	Bodenarbeit
65	*Das Worker-Pferd unter dem Sattel*
66	Die Hilfen
70	Das tägliche Training
85	*Working Equitation für Zuhause*
86	Dressurarbeit außerhalb des Reitplatzes
87	Sinnvolle Trailarbeit mit wenig Aufwand
93	*Anhang*
93	Weiterführende Links und Adressen
94	Über den Autor
94	Zum Weiterlesen
95	Glossar

Working Equitation

(Foto: Alison Marburger)

VORWORT

Working Equitation – ein Begriff erobert die Welt von Reiter und Pferd. Doch was verbirgt sich dahinter? Ich versuche es Ihnen so prägnant und kurz wie möglich zu erklären: Als Arbeitsreitweise kennen die meisten von uns nur das sogenannte „Westernreiten". Wenige wissen, dass autonome Arbeitsreitweisen hier in Europa bis heute zumindest regional überlebt haben. In der Carmargue sind es die Gardians, in der Toscana die Butterie, in Spanien die Vaqueros und in Portugal die Campesinos. All diese regionalen Reitweisen sind stark national geprägt und so wurde ein gemeinsames Regelwerk erarbeitet, um sich miteinander messen zu können und die Reitweisen überregional bekannt zu machen. Jede Nation verzichtete auf einige traditionelle Besonderheiten und Eigenheiten, sodass ein gemeinsamer Nenner gefunden wurde. Working Equitation war geboren.

Doch für viele, inklusive mir, verbirgt sich weit mehr hinter dieser Reitsportdisziplin. Die lässige Eleganz und scheinbar mühelose Art zu reiten, trotzdem präzise und mit Ausstrah-

VORWORT

lung – eine Faszination, der sich nur wenige entziehen können.

Ich erinnere mich noch gut an die Jahre, in denen ich mit meinem Pferd als „Möchtegern-Westernreiter" durch Felder und Wiesen streifte und verächtlich (vor allem) auf Dressurreiter herabschaute. Ein cooler Sattel, schicke Stiefel, krumm, aber lässig auf dem Pferd sitzen – das reichte schon aus, um sich als Horseman und „Alternativer" zu verkaufen.

Irgendwann während eines Spanienurlaubs geschah es dann: Ich sah sie, das Pferd einhändig manövrierend, in der anderen ein Glas Sherry. Und die Pferde... Diese Pferde, sie sahen, aus als würden sie vor Kraft und Energie explodieren und trotzdem standen sie zufrieden kauend mit losem Zügel am Eingang einer Kneipe. Ich war fasziniert und konnte meine Augen nicht von ihnen lassen. Auf einem staubigen Parkplatz nebenan zeigten Kollegen, wie ihre Art zu Reiten aussah. Das war tatsächlich richtig cool und sah auch nicht so verkrampft aus wie bei den Reitern in unserem Reitverein.

Dieser Tag meiner ersten Begegnung mit Vaqueros brannte sich tief in mein Gedächtnis ein und ließ mich nicht mehr los. Auch als der heimatliche Alltag zu Hause mich wieder fest im Griff hatte, hatte ich diese Bilder nach wie vor im Kopf. Dieses Selbstverständnis im Umgang mit dem Pferd fasziniert mich bis heute.

Nur durch Zufall landete ich auf einer meiner Reisen auf der Iberischen Halbinsel auf einem „Vaquero-Turnier", das keines war. Dies sollte mein erster Kontakt mit Working Equitation sein. Zum ersten Mal sah ich ein Turnier nach meinem Geschmack: Toll ausgebildete Pferde, kreative Hindernisse und Topreiter. Es erschien mir wie eine Art Abenteuerspielplatz für Pferd und Reiter.

Nachdem ich meine eigenen reiterlichen Fähigkeiten auf ein erträgliches Maß hatte steigern können, wurde der Wunsch immer stärker, diese Turniere auch in meiner Heimat einzuführen. Und so begann das „Working-Equitation-Abenteuer" in Deutschland.

Heute sehe ich die Turnierszene der Working Equitation nicht nur in Deutschland mit einem lachenden und einem weinenden Auge. Vorbei sind die Zeiten, als der Parcours am Abend vorher ausgeknobelt wurde und sich niemand im Detail vorbereiten konnte. Es liegt wohl in der Natur des Wettkampfes, dass die Regularien, Ausführungsbestimmungen und Maßstäbe ausufern. Die vielen Reiter jedoch, die sich in den letzten Jahren für diese Reitsportdisziplin entschieden haben und deren Umgang mit ihren Pferden zeigt mir, dass dieser Weg der richtige war.

Denn wie heißt es so schön: Der Weg ist das Ziel. Und wenn auf dem Weg zum Working-Equitation-Pferd ein luxuriöses Reitpferd „herauskommt", welch höheres Ziel könnte ein Reiter haben? Oder können Sie sich ein schöneres Gefühl vorstellen, als wenn sich ein 500 Kilo schweres Lebewesen unter Ihnen willig zur Verfügung stellt, mit Ihnen zu einer Einheit verschmilzt und auf feinste Hilfe reagiert?

Der Tanz mit Ihrem Pferd wird eine Sehnsucht hervorrufen, der sich kein Pferdeliebhaber entziehen kann. Ich hoffe, Sie auf einem Teil dieses Weges begleiten zu dürfen.

Stefan Baumgartner

(Foto: Alison Marburger)

(Foto: Alison Marburger)

WAS ERWARTEN WIR VON UNSEREM PFERD?

Augenscheinlich gibt es Pferde, denen die Aufgaben der Working Equitation besonders liegen. Oftmals ist zu sehen, dass Pferde, obwohl körperlich nicht besonders prädestiniert für diesen oder jenen Sport, aufgrund ihrer Einstellung zur Sache in der Lage sind, Unglaubliches zu leisten. Andererseits kennen wir auch die Pferde, die alle körperlichen Voraussetzungen für „ihren" Sport mitbringen und zu allem fähig wären, wenn sie nur mitmachen würden. Nicht nur in der Working Equitation haben sich auch Pferde bestens bewährt, die nicht die geborenen Körsieger oder Olympiaaspiranten waren, dafür aber Gemüt, Charakter, die richtige Einstellung zur Sache und das Herz am rechten Fleck hatten.

Schauen wir uns also die Starterfelder der Working-Equitation-Turniere an, so erscheinen sie wie eine Rasseshow für Pferde. Eine unglaubliche Vielfalt präsentiert sich uns dort. Es bleibt zu hoffen, dass dies auch in der Zukunft so bleibt. Denn die verschiedenen Pferderassen zeugen nicht nur von der Toleranz innerhalb der Worker-Szene, sondern zeigen auch, wie erfolgreich

Was erwarten wir von unserem Pferd?

viele Ausbilder damit sind, vermeintlich rassebedingte Nachteile ad absurdum zu führen, und herausragende Ergebnisse mit ihren Pferden zu erzielen.

Auch wenn auf internationalem Parkett weiterhin die Idealvorstellung herrscht, dass jedes Land wenn möglich seine landeseigenen Rassen bei den internationalen Wettkämpfen präsentieren sollen, zeigt die Szene sich in Deutschland deutlich liberaler. In der Präambel der Statuten für Working Equitation in Deutschland wird Rassevielfalt explizit gewünscht. Zwar sind iberische Pferde auch in der deutschen Worker-Szene in der Überzahl, das liegt jedoch nicht nur an deren besonderer Eignung, sondern vor allem daran, dass Besitzer solcher Pferde sich von den Idealen der traditionellen Arbeitsreitweise angesprochen fühlen. Die den iberischen Pferderassen unterstellte Wendigkeit und erhöhte Versammlungsfähigkeit trägt ihren Teil zu deren Beliebtheit bei, wenngleich andere Rassen ihnen in nichts nachstehen und im Turniersport teilweise sogar erfolgreicher sind.

Zunächst müssen wir uns vor Augen führen, welche Aufgaben wir als Worker unseren Pferden unter welchen Umständen abverlangen. Während die amerikanischen Reiter der Arbeitsreitweise, die Westernreiter, es mit eher leicht zu hütenden Rindern zu tun haben, sieht es auf der iberischen Halbinsel, in der Carmargue und in der Maremma ganz anders aus. Abgesehen von den Torros Bravos, den Kampfstieren, die eine Sonderstellung haben, sind selbst die normalen Rinder in diesen Gegenden sehr stark verwildert, wehrhaft, schnell, ausdauernd und in der Säugezeit besonders angriffslustig. Unser gewohntes Bild der behäbigen Schwarzbunten, die kaum noch gehen kann, müssen wir dort schnell revidieren. Unebenes Gelände, tiefe Gräben, Büsche, mannshohe Disteln und tief hängende Äste kommen erschwerend hinzu. Das also sind die vielfältigen Anforderungen, mit denen die Pferde in den Ursprungsländern der europäischen Arbeitsreitweisen zwingend umgehen können müssen.

Reiter und Pferd müssen sich also blind aufeinander verlassen können. Ein dressiertes, abgerichtetes Pferd wird seinem Reiter wenig Freude und Erfolg bescheren. Nur das mitdenkende, mitmachende, vorausschauende Pferd verspricht einen erfolgreichen Ritt. Besonders dann, wenn die Kälber abgesetzt werden, zeigt sich das wirklich taugliche Pferd. Schonungslos zeigt die Praxis die Fehler und Irrwege der Ausbildung dann auf. Schnelle Stopps, auch aus dem vollen Galopp, engste Volten, gesprungene Hinterhandwendungen und seitlich diagonales Reiten – all das ermöglicht erst, die gekonnte Arbeit in der Herde.

Ein gutes Arbeitspferd hat auch "hinten" Augen und beschützt sich und seinen Reiter vor Angriffen der Mutterrinder mit besonders ausgeprägtem Beschützerinstinkt. Zugewachsene Gräben erahnt es und stolpert nicht hinein, der plötzlich komplett seitlich hängende Reiter, der sich vor einem Ast wegducken musste, wird hingenommen, ohne das Rind aus den Augen zu verlieren. Rutschigen oder sumpfigen Untergrund erkennt es und passt seine Bewegungsabläufe an. Unglaubliches leisten gute Arbeits-

WAS WIR VON UNSEREM WORKING-EQUITATION-PFERD ERWARTEN

pferde bei entsprechender Ausbildung. Aber auch nur dann, wenn wir ihnen genügend Freiräume lassen, ihre Genialität aufzuzeigen. Der bloße Befehlsempfänger wird nie ein virtuoses Pferd werden können.

Promptes Umsetzen reiterlicher Wünsche ohne Diskussionen, bedeutet nicht, dass das Pferd nicht aktiv mitdenkt. Den eisernen Willen, nicht nur hinter den Jungrindern herzurennen, sondern sie zu überholen, abzublocken und zur Herde zurückzubringen und unmittelbar danach wieder ruhig zu stehen und die Herde zu beobachten – diese Gabe haben nur sehr gute Arbeitspferde mit Klasse. Vorauszuahnen, dass ein Rind gleich kehrtmacht und sich noch bevor der Reiter einwirken kann bereits ebenfalls auf eine Wendung vorzubereiten, das ist echter Genio beziehungsweise Cow Sense.

Ebenso wichtig ist es für ein gutes Arbeitspferd, in den Pausen zur Ruhe kommen und sich grasend und gelassen regenerieren zu können, denn anders kann es einen vollen Arbeitstag nicht durchhalten, geschweige denn einen zweiten. Zu anstrengend, nicht nur rein körperlich, sind die Tage im freien Feld bei den Rindern.

Allen Arbeitsreitweisen gleich ist die einhändige Zügelführung, denn erst sie ermöglicht dem Reiter Lasso, Garrocha oder Trident zu benutzen.

Unser heutiges Turnierwesen zeigt uns nur den ritualisierten Einsatz des Arbeitspferdes. Wenigstens in Ansätzen gibt es uns jedoch die Möglichkeit die theoretische Tauglichkeit von Pferd und Reiter zu überprüfen. Intuitives, situationsbezogenes Reiten sehen wir wenn überhaupt nur noch bei der Überprüfung am Rind. Sie ist die Wurzel unserer Tradition und wir tun gut daran, diese zu bewahren und nicht immer weiter abzuschwächen und in Vergessenheit geraten zu lassen.

Was erwarten wir noch von unserem Working-Equitation-Pferd? Wendigkeit, Schnelligkeit, Geschick, Ausdauer, Eigenständigkeit, Unerschrockenheit, Zuverlässigkeit, Gehorsam und Nervenstärke. All diese Eigenschaften wünscht sich wohl jeder Reiter, ganz gleich welcher Reitweise er sich zugehörig fühlt. Schnell jedoch lässt sich feststellen, dass unseren Pferden die meisten dieser Eigenschaften nicht in die Wiege gelegt werden, sondern erst erlernt werden müssen, möchte man erfolgreich und, viel wichtiger, genussvoll Working Equitation reiten. Kein Pferd der Welt galoppiert aus freien Stücken über eine polternde Brücke, die mit bunten Fahnen geschmückt ist, wenn links und rechts genug freier Platz ist. Und warum sollte ein Pferd eine Stange im Sidepass überqueren, wenn Darüberlaufen um so vieles schneller und leichter ist? Es ist unmöglich, einem Pferd alle erdenklichen und möglichen Vorkommnisse auf und außerhalb eines Turnierplatzes „anzudressieren". Vielmehr ist es wichtig, dass Sie Ihr Pferd so ausbilden, dass es sich dem Reiter vertrauensvoll hingibt und Situationen meistert, die ihm so noch nicht bekannt waren und die es vor der Ausbildung weder körperlich noch mental verkraftet hätte. Es ist bei weit fortgeschrittener Ausbildung vertrauensvoller Gehorsam, der Reiter und Pferd zu einer Einheit verschmelzen lässt.

(Foto: Alison Marburger)

GEDANKEN ZUR AUSBILDUNG

Die Ausrüstung, der Umgang und auch manchmal die Art und Weise zu Reiten, erscheint uns in den Ursprungsländern der Working Equitation oft rau, grob und vorsintflutlich, während wir auf unserem angenehm befeuchteten, mit Textilfasern aufbereiteten Reitplatz unsere Runden drehen und uns Gedanken darüber machen, ob der Boden zu hart oder zu weich ist oder doch nochmals abgezogen werden sollte.

Gänzlich andere Gedanken hat der Reiter in der rauen Landschaft der Camargue oder in den Bergen der Maremma, der seit Stunden einige abgängige Jungrinder sucht.

Auch unser Sichtweise könnte sich ändern, wenn wir selbst das fünfte Mal einen steilen Berg hinauf, und noch schlimmer wieder herunter reiten müssten, da wir unser Pferd und unser "Handwerk" nicht beherrschen und es nicht schaffen ein Kälbchen von A nach B zu treiben. Mit an Sicherheit grenzender Wahrscheinlichkeit würden wir dann auch deutliche treibende Hilfen einsetzen, bevor uns das Kälbchen erneut entwischt.

Auch könnte es sein, dass wir in dem entstandenen Durcheinander froh sind, wenn unser Pferd eine ausreichend dimensionierte "Bremse" bei sich führt. Allerspätestens dann, wenn wir knapp davor feststellen, dass wir auf einen zugewachsenen Stacheldrahtzaun oder einen tiefen Graben zu galoppieren.

Das ist kein Plädoyer für den groben Umgang mit dem Pferd, nichts liegt mir ferner! Es ist lediglich eine Erinnerung daran, wo die Arbeitsreitweisen ihren Ursprung haben. Doch nun zurück auf unseren frisch abgezogenen Reitplatz und zur Ausbildung unseres Worker-Pferdes, die sich zumindest anfangs nicht wesentlich von der Ausbildung eines Dressur- oder Westernpferdes unterscheidet.

Gemeinsam gehen wir den Weg der Ausbildungsskala und es gibt keine Lektion aus der klassischen Dressur und dem Westernreiten, die nicht auch unseren Worker-Pferden zur Gymnastizierung dienen würde. Erst nach der Grundausbildung zeigen sich Unterschiede im weiteren Ausbildungsweg. Doch bevor wir in die Ausbildung unseres Greenhorns einsteigen, einige allgemeine Gedanken vorweg.

Gedanken zur Ausbildung

Speedtraining – anfangs nicht immer spannungsfrei. Eine extra laute Brücke ohne seitliche Begrenzung erschwert das Hindernis. (Foto: Alison Marburger)

Auszubilden bedeutet zu lernen

Betrachtet man heute die Welt der Pferde, erhält man den Eindruck, alles ginge irgendwie von selbst in der Ausbildung eines Pferdes: Etwas guter Wille, viel Liebe, froher Mut, ein wenig Geschick und viele Leckerlis scheinen auszureichen, um ein Pferd auszubilden.

Bis zu einem gewissen Grad möchte ich diesen positiven Eindruck auch bestätigen. Will ich mit meinem mittelmäßig temperamentvollen Pferd im Schritt ausgedehnte Spazierritte in Wald und Flur unternehmen, vielleicht auch mal etwas traben oder galoppieren, so dürfte das bei etwas Gefühl für Pferde auch problemlos klappen. Dagegen ist nicht das Geringste einzuwenden, solange es dem Pferd dabei gut geht und der gesamte körperliche Zustand dies schadlos ermöglichen. Schwieriger wird es dann, wenn Probleme oder Unstimmigkeiten im Umgang und der Ausbildung aufkommen oder noch häufiger dann, wenn der eigene reiterliche Anspruch wächst.

Auslöser, sich mit der Ausbildung des Pferdes zu befassen, können vielschichtig sein: Pferd und Reiter ist das Spazierenreiten zu wenig, das Pferd "funktioniert" nicht mehr oder man bekommt einfach Lust auf mehr – mehr können, mehr tun, mehr verstehen. Bei näherer Betrachtung tut jeder Reiter gut daran, sich Gedanken darüber zu machen, warum und wie er sein Pferd bestmöglich und pferdegerecht ausbilden kann. Denn Pferde sind nicht auf die Welt gekommen, um von uns erzogen und geritten zu werden. Sie kämen wunderbar ohne uns Menschen zurecht, wenn wir sie nur ließen.

Uns sollte also vorher klar sein, was wir mit unserem Versuch der Ausbildung tatsächlich tun: Wir steuern, kontrollieren, konditionieren, grenzen ein, erzeugen Druck, fordern und vieles mehr. Aber wir loben auch, wir liebkosen, bieten Sozialkontakt, stellen abwechslungsreiche Aufgaben, übernehmen Verantwortung und Führung.

Damit unser Pferd während der Ausbildung nicht zu einem willenlosen Befehlsempfänger oder ewig renitenten "Neinsager" wird, ist es wichtig, sich das Lernverhalten seines Pferdes bewusst zu machen. Dies auszuführen würde hier selbstverständlich den Rah-

AUSZUBILDEN BEDEUTET ZU LERNEN

men sprengen. Dennoch sollten Sie lernen, warum ein Pferd sich in bestimmten Situationen wie verhält und welche Motivation das Verhalten Ihres Pferdes bestimmt. Es sind gar nicht so viele Lerngesetze, die das Handeln unseres Pferdes erklären. Auch die daraus resultierenden Verhaltensmuster sind meist nicht so komplex und kompliziert, wie es sich anfangs anhört. Jedem, der sich wirklich mit der Ausbildung befassen und sein Pferd besser verstehen will, kann ich nur empfehlen, sich mit dem Lernverhalten auseinanderzusetzen. Selbst schon lang anhaltende Missverständnisse können aus dem Weg geräumt werden. Mit etwas Geschick und Wissen ist es sogar möglich, ein Pferd völlig neu zu "programmieren". Ich habe Pferde erlebt, die binnen eines Jahres ihr Verhaltensrepertoire um 180 Grad gewandelt haben. Sowohl in die eine, die positive, als auch in die andere Richtung. Wir sind wahrlich unseres Glückes Schmied. Ausführliche und wichtige Informationen zu diesem Thema finden Sie zum Beispiel in dem Buch *Das Lernverhalten der Pferde* von Linda Weritz.

All jene, die sich mit dem Lernverhalten Ihres Pferdes nicht beschäftigt haben, lassen sich von den vielfältigen Anforderungen der Working Equitation dazu verleiten, ihren Schützling einfach an alles zu gewöhnen. Immer in der Hoffnung, dass das Pferd dann auch auf dem Turnierplatz alles erkennt und funktioniert. Große Tonnen, kleine, blaue, grüne, Stangen und alle möglichen Arten von Brücken, Folien und Fahnen – es ist ein sehr langer Weg, das Pferd in allen Bereichen zu desensibilisieren. Und noch dazu wenig vielversprechend, denn Pferde haben eine andere Art der Wahrnehmung und Logik. Dies muss von uns Menschen erst erlernt und verstanden werden. Andere Begleitumstände, eine andere Anordnungen der Hindernisse, eine andere Atmosphäre und schon wird das Pferd erneut unsicher und scheu, bis hin zur Panik.

Die einzige Konstante, die unser Pferd immer begleitet und einziger Fixpunkt in einer sich ständig ändernden, oft scheinbar gefährlichen Welt sind wir Reiter. Wir sind jene, auf die sich das Pferd verlassen können sollte. Was liegt also näher, als genau dieses Vertrauensverhältnis auszubauen und zu vertiefen? Das Vertrauen und der Gehorsam gegenüber uns Reitern ermächtigt das Pferd dazu, Leistungen auch unter Umständen zu erbringen, die uns immer wieder in Erstaunen versetzen. Dieses Vertrauen können wir nicht erkaufen, weder mit Geld noch mit Tonnen von Leckerlis. Wir bekommen dieses Vertrauen von unseren Pferden als Gegenleistung für unsere Sorgfalt, Korrektheit, Berechenbarkeit und Konsequenz während der Ausbildung geschenkt, jedoch nicht für Unterwerfung. Indem wir sie lehren zu lernen und selbst zu agieren statt nur zu reagieren, werden wir Erfolg in Form von echter Partnerschaft, Leistungsbereitschaft und Harmonie ernten.

> *Das wichtigste „Werkzeug" auf dem Weg zu einem unerschrockenen Pferd ist das Vertrauen zu seinem Reiter und nicht die Summe der Gegenstände, die Sie Ihrem Pferd zur Desensibilisierung zeigen.*

Gedanken zur Ausbildung

TÜR AUF, TÜR ZU

Ziel unserer Ausbildung ist es, dem Pferd das Gefühl zu geben, selbst eine Lösung für ein gestelltes Problem gefunden zu haben. Nichts macht unserem Pferd mehr Spaß, als das Gefühl zu haben, sich selbst etwas beigebracht zu haben.

Diese Methodik verlangt vom Ausbilder viel Gefühl, aber auch Fantasie und Cleverness, spielt sie sich doch hauptsächlich in unserem Gehirn ab.

Dazu stellen wir uns eine kreisrunde Arena mit zum Beispiel zwölf Türen vor, die wie auf dem Zifferblatt einer Uhr angeordnet sind. Diese zwölf Türen stehen auch sinnbildlich für einzelne Verhaltensweisen, Reaktionen oder Bewegungsabläufe.

Zunächst stehen alle Türen offen, das Pferd könnte also durch jede davon gehen. Das entspricht aber nicht unserem Vorhaben, wenn wir zum Beispiel eine Volte nach links abrufen wollen. Diese Volte nach links, wird durch die Tür auf drei Uhr symbolisiert. Wir wollen also weder rechts herum noch rückwärts, seitwärts, hüpfen, steigen oder losrennen, wir wollen ausschließlich diese Linksvolte reiten oder führen. Was tun wir also, um dies auch zu erreichen? Wir schließen, besser noch verrammeln alle anderen elf Türen.

„Tür auf" – auch wenn der innere Zügel noch deutlich vorherrscht, muss der äußere Zügel jetzt schon mitgenommen werden. (Foto: Alison Marburger)

Darüber hinaus verwandeln wir die Tür auf drei Uhr in ein Scheunentor, wenn es sein muss in ein zweiflügeliges Riesentor.

Wie wir die elf falschen Türen verrammeln und wie wir den Fokus auf das Scheunentor lenken, liegt in unserem Ermessen, Können und unserer Fantasie. Pferde gehen immer den Weg des geringsten Widerstandes, es sei denn, sie sind in Panik oder auf der Flucht. Also gestalten wir jeden Schritt, auch den kleinsten, Richtung drei Uhr gemütlich und einfach.

Bewegungen in Richtung aller anderen Türen erschweren wir und gestalten sie ungemütlich und unbequem. Ein Innehalten um nachzudenken ignorieren wir wohlwollend, nicht lobend, während wir ein Verharren nur um die nächste verschlossene Tür anzuvisieren durch ein tüchtiges Vorwärts quittieren. Wir lassen es zu, dass unser Pferd selbst das zweiflügelige Megascheunentor findet. Allem voran geht natürlich die korrekte Hilfengebung von Seiten des Reiters, damit Ihr Pferd überhaupt verstehen kann, was Sie von ihm wünschen.

LERNVERHINDERNDE UMSTÄNDE

Gestresste Pferde können nicht lernen. Hormonausschüttungen verhindern dies auf biologische Weise. Das Pferd kann nicht lernen, selbst wenn es wollte. Stattdessen werden genetisch hinterlegte Verhaltensweisen automatisch zum vorherrschenden Problemlöser. Das Pferd wird von seinen Instinkten geleitet. Flucht, Verteidigung, in extremen Fällen totale Resignation sind dann völlig natürliche Verhaltensweisen, die anfänglich nichts mit Vorsatz oder Boshaftigkeit zu tun haben. Diese Verhaltensweisen werden aber abgespeichert, vor allem dann, wenn sie für das Pferd erfolgreich waren. Je emotionaler sie verliefen, desto tiefer brennen sie sich auf der Festplatte des Pferdes ein.

Renitente, gefährliche und widersetzliche Pferde sind in der großen Mehrheit der Fälle das Produkt menschlichen Unvermögens. Hinterfragen Sie also immer zuerst Ihr eigenes Verhalten, wenn Ihr Pferd nicht kooperieren will.

Feine Hilfen

In jeder Reitweise und Disziplin sind feine Hilfen, Leichtigkeit und Kooperation das oberste Ziel. Dass es damit nicht weit her ist, sehen wir nicht nur auf Turnieren, sondern auch täglich auf den Reitplätzen und Hallen im ganzen Land.

Doch wie kommt es zu dieser Diskrepanz zwischen Wunsch und Realität?

Wir müssen uns vor Augen halten, dass es wahrlich eine Kunst ist, ein Pferd vom Fohlen bis zum ausgebildeten Reitpferd während all seiner Entwicklungsphasen und der Ausbildung sensibel und feinfühlig zu belassen. Sie lesen richtig, „zu belassen"! Denn bis auf wenige Ausnahmen sind Pferde von Natur aus empfindsam und reagieren sensibel. Wenige kommen als „Büffel" auf die Welt, die meisten werden von uns zu „Büffeln" gemacht. Durch erlernte Fehler, Erfahrung oder schlicht durch Gewöhnung und Abstumpfung werden sie phlegmatisch und man könnte fast schon sagen einfalls-

Gedanken zur Ausbildung

los, sodass es für keinen Reiter Freude macht sie zu reiten. Das Pferd wird eventuell „hart im Maul", „stumpf am Bein" und allgemein resistent gegen feine Einwirkung.

Mit jedem unsachgemäßen und falschen Lernvorgang geht die Spirale der stärkeren Einwirkungen weiter. Damit diese Spirale erst gar nicht anfängt sich zu drehen, gehe ich immer nach einem sich langsam intensivierenden Vier-Stufen-Schema vor: Wünschen, Bitten, Fragen, Fordern.

Muss die erste Stufe „Wünschen" nicht verlassen werden, um unserem Pferd verständlich zu machen, was wir von ihm wünschen, bedeutet dies die perfekte Kommunikation mit dem Pferd. Dies sollte unser erklärtes Ziel sein. Für Außenstehende sind diese Hilfen kaum sichtbar und wie von Geisterhand bewegt das Pferd sich in Einheit mit seinem Reiter, sowohl am Boden als auch unter dem Sattel.

Führt das "Wünschen" nicht zum Erfolg, nutzen Sie die nächsthöhere Stufe „Bitten". Hier ist eine immer noch sehr feine, kaum wahrnehmbare und sensible Verständigung vorherrschend. Feine Gesten und Hilfen reichen hier vollkommen aus.

In der dritten Stufe „Fragen" bitten wir unser Pferd quasi mit Nachdruck. Es kommen noch keine deutlichen Hilfen zum Einsatz, aber unsere Hilfen werden nun auch von außen sichtbar.

Auf der höchsten Stufe „Fordern" wirken Sie dann schon sehr deutlich auf das Pferd ein und verleihen Ihrem Fragen noch einmal vehement Nachdruck.

Bevor wir uns entschließen zu fordern, sollten wir uns fragen, ob es dem Pferd überhaupt möglich ist, unseren Wünschen Folge zu leisten. So ist es dem verspannten und nicht losgelassenen Pferd oft nicht möglich richtig zu reagieren, da in diesem Moment die Voraussetzung fehlt, selbst wenn es aufgrund seiner prinzipiellen Ausbildung dazu in der Lage sein müsste.

Bevor wir überhaupt daran denken dürfen etwas von unserem Pferd zu fordern, müssen folgende Fragen immer geklärt sein:

- *Ist das Pferd aufgrund seiner Ausbildung und körperlichen Verfassung dazu überhaupt in der Lage?*
- *Ist das Pferd jetzt im Augenblick überhaupt mental in der Lage, unseren Anforderungen nachzukommen?*
- *Haben wir alles gut vorbereitet und die jeweiligen Hilfen verständlich und eindeutig gegeben?*
- *Sind wir als Reiter/Ausbilder mental und körperlich in der Lage zu fordern?*
- *Können wir mit einer Gegenreaktion des Pferdes richtig umgehen?*
- *Besitzen wir die reiterlichen Fähigkeiten, tatsächlich zu fordern?*

Das Fordern darf nicht zu unserem ständigen Begleiter in der Ausbildung werden, es muss immer eine kurzzeitige und seltene Begleiterscheinung sein. Ein auf das Minimum zu beschränkendes notwendiges Übel, das es wo immer möglich zu vermeiden gilt. Unsere Emotionen haben hier nichts verloren. Klar muss uns auch sein, dass bei entsprechend guter und gewissenhafter Vorbildung und Ausbildung das Fordern nur selten nötig sein wird.

Das Pferd wird spätestens dann mit uns kooperieren, wenn wir fragen. Wenn wir ständig wieder und wieder fordern müssen, liegt ein schwerwiegendes Ausbildungsproblem vor. Viele Probleme unter dem Sattel haben ihren Ursprung am Boden beziehungsweise im Umgang. Gegenseitigen Respekt, Vertrauen und Gehorsam nur vom Sattel aus erwirken zu wollen, geht in den meisten Fällen schief.

Lassen Sie mich am Beispiel des freien Longierens im Roundpen erklären, wie das Vier-Stufen-Schema in der Praxis Anwendung findet. Denn schematisch betrachtet begleitet es uns ein Leben lang, durch alle Phasen der Ausbildung – von der Bodenarbeit über das Anreiten bis hin zum fertigen Reitpferd. Das Lernen aus Erfahrung und das Reagieren auf Reize hört nie auf. Das macht die Arbeit mit dem Pferd so interessant und spannend. In dem Beispiel longiere ich mein Pferd auf der linken Hand und möchte, dass es anhält, besser noch stoppt.

Was hier unscheinbar wirkt, ist für die Kommunikation zwischen Pferd und Reiter sehr wichtig: Das Pferd stoppt nur durch den Einsatz der Körpersprache. (Foto: Alison Marburger)

Gedanken zur Ausbildung

Stufe 1: Wünschen
Wie immer beginne ich mit dem sanftesten Signal und geben meinem Pferd die Möglichkeit, darauf zu reagieren. Ich verlagere mein Gewicht im Stand auf das linke Bein und verstärke meine Hilfe eventuell durch einen kleinen Fingerzeig in Richtung Vorhand beziehungsweise Kopf des Pferdes. Mein Pferd hält an.

Stufe 2: Bitten
Ich verlagere nicht nur mein Gewicht, sondern mache einen kleinen Schritt in Richtung Vorhand des Pferdes und unterstütze meine Absicht mit meiner Hand, nicht mit der Gerte, die in Richtung Vorhand beziehungsweise Kopf des Pferdes zeigt. Daraufhin hält mein Pferd an.

Stufe 3: Fragen
Nun wird meine Hilfengebung deutlich sichtbar, indem ich einen energischen großen Schritt in Richtung Kopf des Pferdes mache, und ihm so deutlich mache, ihm den Weg abschneiden zu wollen. Meinen Arm hebe ich auch abrupt und deutlich. Das Pferd hält daraufhin an.

Stufe 4: Fordern
Ich mache einen deutlichen Ausfallschritt und hebe meinen Arm impulsiv und deutlich. Ich bewege mich in gleicher Manier wie zuvor, aber noch deutlicher in Richtung „Weg abschneiden" und mache unmissverständlich klar, dass an mir kein Weg vorbeiführt und erzwinge das Anhalten, auch wenn die Gefahr einer Wendung gegeben ist. Das ist besser als dem Pferd zu gestatten meine Signale einfach zu ignorieren und mich sozusagen zu überlaufen.

Was vom Boden aus funktioniert, lässt sich natürlich auch auf die Arbeit unter dem Sattel übertragen. Wie das funktioniert, mache ich an folgendem Beispiel deutlich: Der Reiter reitet auf der linken Hand und möchte in eine Linksvolte übergehen.

Stufe 1: Wünschen
In diesem Fall „denke" ich an das Abbiegen nach links und verlagere unmerklich mein Gewicht nach innen, während mein äußerer Zügel den Hals berührt und das Pferd sich daraufhin biegt, stellt und abwendet.

Stufe 2: Bitten
Ich belaste den linken Steigbügel nun etwas mehr, der äußere Zügel berührt den Hals und mit dem inneren Zügel gebe ich ein Signal in die gewünschte Richtung. Das Pferd biegt daraufhin in die Volte ab.

Stufe 3: Fragen
Jetzt setze ich dazu noch vermehrt mein Gewicht im Sattel ein. Meine innere Wade liegt an, die äußere verwahrt, der Innenzügel gibt einen leichten Impuls. Der Außenzügel liegt an und nimmt das Pferd mit in die Volte.

Stufe 4: Fordern
All meine Hilfen werden deutlicher und intensiver. Der innere Sporn liegt nun an und der innere Zügel übernimmt die Stellung. Mein äußerer Schenkel treibt, während der innere Zügel mit Nachdruck das Abwenden fordert. Die innere Hand kann dann auch nach innen

geführt werden, um unmissverständlich den Weg nach links aufzuzeigen. Das Fordern ist sozusagen das letzte Mittel, das wir haben, um unsere Wünsche durchzusetzen. Leider sehen das nicht alle Reiter und Ausbilder so, sie bilden täglich so aus, als wäre das Fordern das Mittel der ersten Wahl. Das ist der falsche Weg und dazu noch wenig Erfolg versprechend.

(Fotos: Alison Marburger)

Bild 1: Das Pferd reagiert nur auf die Geste der Hand und auf die Stellung unseres Körpers, wenn wir „bitten".

Bild 2: Ohne die frontale Position zu ändern, genügt ein Fingerzeig und das Pferd tritt über, wenn wir „wünschen".

Bild 3: Beim „Fragen" deuten wir mit der Gerte an und nutzen sie als verlängerten Arm.

Bild 4: Mit Gertenhilfe „fordern" wir das Übertreten und touchieren das Pferd an der Hinterhand.

Gedanken zur Ausbildung

Durch geschickte Manipulation und Motivation lehren wir unser Pferd, auf das kleinstmögliche Signal zu reagieren. Dadurch nimmt es selbst Einfluss auf das Geschehen und ist aktiver Teil der Ausbildung. Die Grundlagen hierfür werden nicht erst beim Reiten vermittelt, sondern bereits vom Boden aus. Beim Führen, Putzen, Longieren, kurzum bei jeder sich bietenden Gelegenheit.

Hier bereits müssen die Mechanismen des Lernens installiert werden und das Pferd in kleinen Schritten motiviert werden, aktiv positiv mitzuwirken und so sein eigenes Wohlbefinden zu steigern, entweder durch Lob oder um Angenehmes zu erfahren.

Auch wenn ich überzeugt bin, dass mein Pferd meinen Wünschen und Fragen nicht folgen wird, fange ich doch immer wieder von vorne an und gebe leise, höflich und sanft die ersten Hilfen. Anfangs steigere ich die Intensität meiner Hilfen im Takt von zwei bis drei Sekunden, manchmal wiederhole ich sie auch mehrmals. So gebe ich dem Pferd immer wieder Gelegenheit auf die geringere Hilfe zu reagieren, bevor ich intensiver werde. Schritt für Schritt, fein abgestimmt, konsequent und für das Pferd abschätzbar und nachvollziehbar.

Vertrauensvoller Gehorsam ist der Schlüssel zu einem guten Working-Equitation-Pferd. So gewinnt man einen motivierteren, mitdenkenden und vertrauensvollen Partner unter dem Sattel, statt eines „Fachidioten" oder eines willenlosen „Reitsklaven".

Wenn wir selbst die geringste Unsicherheit verspüren, sollten wir Fehlverhalten unseres Pferdes ignorieren und eine Konfrontation vermeiden. Einfach darüber hinweggehen und konzentriert weitermachen, besser vorbereiten und nochmals versuchen. Merke ich schon in der Vorbereitung einen Widerstand, dann gehe ich sozusagen sofort in den „Ignoriermodus", denn die angestrebte Lektion wird mit an Sicherheit grenzender Wahrscheinlichkeit nicht gelingen. Ignorieren statt Strafen ist eine erprobte Vorgehensweise und nicht die schlechteste Entscheidung in der Ausbildung. Kein Loben, keine Emotionen, sondern überlegtes und konzentriertes Handeln sind hier gefragt. Ignorieren Sie das Verhalten lieber und beginnen Sie die Aufgabe noch einmal von Neuem.

Die Lektion schließlich befriedigend und mit einem dicken Lob zum Abschluss zu

Die ersten Hilfen erfolgen immer höflich und sanft und geben dem Pferd genügend Zeit zu reagieren.
(Foto: Alison Marburger)

bringen, ist unser Ziel. Dann nämlich verstärken wir positiv anstatt das Pferd zu frustrieren und durch Strafen zu verärgern.

Ethik in der Ausbildung

Ethik ist ein großes Wort, vor allem in der Pferdeausbildung. Welche Mittel wir als Ausbilder einsetzen und vor allem in welcher Intensität, obliegt unserer eigenen Auffassung von Ethik.

Abgesehen von den groben Auswüchsen in der Pferdeausbildung wie Rollkur, Schläge, Einzelhaft und Ähnliches, die sich für einen seriösen Pferdemenschen von selbst verbieten, sind die Grenzen des Vertretbaren wie so oft fließend und nicht klar zu definieren. Gerte, Peitsche, Sporen oder Sticks sind gängige Hilfsmittel. Aber wann wird aus einem Touchieren mit der Gerte ein Schlag? Wann aus einem Schlag ein Prügeln? Wann wird aus Druck Psychoterror? Wann wird aus Manipulation Zwang? Wann wird aus Longieren ein Hetzen? Und wann aus einer Sporenhilfe ein tierschutzrelevanter Vorgang?

Fragen, mit denen sich jeder Pferdehalter auseinandersetzen sollte. Denn so wird er sein eigenes Handeln hinterfragen, bewerten, seine Grenzen bewusster abstecken und eine vertrauensvolle Beziehung zu seinem Pferd aufbauen können.

Bodenarbeit mit Hindernissen. Geben Sie Ihrem Pferd die Möglichkeit, die Situation in Ruhe bewusst zu erleben. (Foto: Alison Marburger)

Gedanken zur Ausbildung

In den letzten 20 Jahren kamen viele positive Anreize aus den USA zu uns nach Europa und rüttelten einen Teil der Reiterwelt wach. Jedoch nur jene, die es auch sehen wollten. Verkrustete und verstaubte Vorgehensweisen wurden durch Horsemanship ersetzt und haben mehr und mehr Ausbilder dazu befähigt, bessere und pferdefreundlichere Wege zu gehen. Natürlich gibt es aber auch an diesem Trainingskonzept, wie an allen anderen, Kritikpunkte. Schlagworte wie Hetzen, Angst, Stress und Dominanz werden in diesem Zusammenhang immer wieder genannt. Andere wiederum lehnen jede Form der Manipulation und Konditionierung grundlegend ab. Hier sollte jeder seinen gesunden Pferdeverstand einschalten und selbst abwägen, welchen Weg er in der Ausbildung wie weit zu gehen bereit oder imstande ist. Wie immer in der Arbeit mit Pferden geht es vor allem darum, welche Trainingsmethode, welche Herangehensweise passt am besten zu Ihrem Pferd und Ihrer eigenen Persönlichkeit.

Natürlich hat jeder Mensch das Recht Fehler und Erfahrungen zu machen. In der Arbeit mit Tieren, die sich in unserer Obhut befinden, sollten diese Fehler jedoch so gut es geht vermieden werden. Wir haben die Pflicht uns Wissen anzueignen und alles zu lernen, um unser Pferd artgerecht halten, pflegen, schließlich auch erziehen und ausbilden zu können.

Dazu stehen uns mehr Möglichkeiten denn je zur Verfügung: Landauf, landab werden Seminare und Lehrgänge angeboten, Lehrvideos und Fachbücher verkauft. Und auch der Reitlehrer in Ihrem Stall hat sicher den einen oder anderen Tipp für Sie. Selektieren Sie das breite Angebot an Ausbildungsmethoden und hinterfragen Sie die Vorgehensweisen kritisch. Beobachten Sie, wie Pferde, die mit dieser oder jener Methode ausgebildet werden, sich entwickeln und unter dem Sattel zeigen. Bodenarbeit im Roundpen ist zwar elementar, jedoch nur der erste Schritt hin zu einem verlässlichen Reitpferd, das mit Ihnen durch dick und dünn geht.

Ich kann es ihnen leider nicht ersparen Ihren persönlichen Favoriten zu finden. Eines weiß ich aber ganz sicher: Das Schlimmste, was sie Ihrem Pferd antun können, ist das sogenannte Trainer- oder Methoden-Hopping. So werden Sie weder der jeweiligen Ausbildungsmethode noch Ihrem Pferd gerecht. Verwirrung und Ratlosigkeit bei Pferd und Reiter sind das zu erwartende Ergebnis. Ein halbes Jahr sollten Sie sich Zeit lassen, bevor Sie einem Ausbildungsmodell, das Sie vorher hoffentlich gewissenhaft ausgewählt und auf Herz und Nieren geprüft haben, den Rücken zukehren und einen anderen Weg einschlagen.

Es macht allerdings durchaus Sinn, Methoden zu kombinieren oder einzelne Aspekte für sich selbst zu übernehmen. So kann zum Beispiel, für die Bodenarbeit ein anderes Ausbildungsmodell gewählt werden, als Sie es dann beim Anreiten nutzen. Jedoch sollte immer ein „roter Faden" erkennbar sein. Frustriertes Wechseln und auf mehreren Hochzeiten tanzen bringt erfahrungsgemäß garantiert nichts.

Ich hoffe, Ihnen mit diesem Buch etwas von meiner Erfahrung mit auf den Weg geben zu können, wenn die Ausbildung Sie Richtung Working Equitation führt.

ETHIK IN DER AUSBILDUNG

Ohne fachkundige Unterstützung sind die komplexen Anforderungen der Working Equitation schwer zu erlernen. (Foto: Alison Marburger)

(Foto: Alison Marburger)

DIE AUSRÜSTUNG

Die Ausrüstung des Workers in der Ausbildung unterscheidet sich wenig von der der klassischen Ausbildung. Für diese Disziplin, die von den europäischen Arbeitsreitweisen abstammt sollte das Material zweckdienlich und praktisch sein. Unnötiger Schmuck und barocker Glamour passen nicht zu dieser Art des Reitens. Die traditionellen Ausrüstungsgegenstände haben sich oft über Jahrhunderte bewährt und sollten Beachtung finden. Nichts daran ist zufällig oder grundlos. Oft werde ich zum Beispiel gefragt, warum Vaqueros die Schweife hochbinden oder gar beschneiden. Ganz einfach: Ein wehender Schweif irritiert die Rinder und vor allem die Kampfstiere fühlen sich dadurch provoziert. Ein weiterer Grund ist die Art der Vegetation in Südeuropa – mannshohe Sträucher mit Stacheln und Disteln sind allgegenwärtig. Ich selbst musste es schon bereuen, den Schweif meines Pferdes aus Faulheit nicht hochgebunden zu haben. Denn kaum abseits eines Weges, verfing der üppige Schweif meines Pferdes sich in einem bereits abgestorbenen Strauch, den es dann laut raschelnd hinter sich her zog. Als mein Pferd einen Gang höher schaltete, verfing sich weiteres Gehölz in dem Strauch. Meine Faulheit bezahlte mein Partner mit dem Verlust der Hälfte seiner Schweifhaare. In manchen Gegenden ist es deshalb eine Frage des Tierschutzes, den Schweif hochzubinden.

Warum ein Schweifgurt? Weil selbst ein passender Sattel bei einem anhaltenden Bergabgalopp nach vorne rutschen kann. Die hohen Galerien hinten verhindern ein „aus dem Sattel rutschen" bei Bergaufgalopp und wirken in der Dynamik der Rinderarbeit stabilisierend.

Die Ausrüstung

Für die Bodenarbeit

Hier ist nichts einzuwenden gegen die anfängliche Benutzung der in den letzten Jahren so beliebt gewordenen Knotenhalfter – vorausgesetzt, sie werden nicht missbräuchlich eingesetzt. Sobald wir im Training exaktere, auch einseitige Hilfengebung benötigen, ist dem Cavecon der Vorzug zu geben. Weniger schwer und voluminös als der klassische Kappzaum, passt es sich durch die mit Leder eingefasste Gliederkette besser der Pferdenase an und erlaubt eine feine und gut zu dosierende effektive Einwirkung.

Die weiterentwickelten Modelle erlauben auch das Einschnallen eines Gebisses, ohne dass wir dazu zwei Kopfstücke verwenden müssen. So kann sich zum Beispiel das junge Pferd mit dem Gebiss befassen und daran gewöhnen, ohne dass eine Einwirkung über die Longe dort stattfindet, denn die Longe ist am Nasenriemen verschnallt. Longiergurte brauchen wir nur, wenn Hilfszügel oder die Doppellonge zum Einsatz kommen.

Sollten Sie auf einen Longiergurt zurückgreifen wollen, sind weich unterlegte Exemplare mit einer guten Passform und mehreren Ringen zu empfehlen. Bedenken Sie aber bitte immer, dass Hilfszügel nur in sachkundigen Händen eine tatsächliche Hilfestellung sein können.

Zaumzeuge

Der Zaum nach Art der deutschen Offiziere aus der Zeit vor 1930 ist der wohl bekannteste in der deutschen Working-Equitation-Szene. Jedoch sind viele weitere Zaumzeuge zweckmäßig und sinnvoll, besonders während der Ausbildung.

Abzuraten ist von all jenen Zäumungen, die mithilfe von Umlenkungen erhöhten Druck auf das Nasenbein des Pferdes ausüben, sowie zum Beispiel das schwedische Reithalfter. In die Kritik geraten sind auch „ganz normale" Zäumungen, die einen Sperrriemen haben. Zugeschnürt bis zur Schmerzgrenze, ist er dann auch tatsächlich missbräuchlich verwendet. Wer immer kann, sollte auf seine Verwendung verzichten. Auch der Nasenriemen sollte nicht schlicht als „Mouthcloser" verwendet werden. Ich persönlich finde es nicht verwerflich, einen korrekt verschnallten Nasenriemen zu benutzen und reite nie ohne, außer bei den Jungpferden.

Gebisse

Hier bewegen sich die Ausbilder der Working Equitation ein wenig weitläufiger als es die heutige Interpretation der klassischen Reitlehre empfiehlt. Der Weg geht direkt über die gebrochene Trense hin zu Unterlegtrense und Kandare. Verständlich wird das, wenn man sich vor Augen hält, welche Ziele die Ausbildung in den klassischen Disziplinen heute hat.

Es ist noch nicht lange her, dass auch in Deutschland die Prüfung zum Rittmeister eine schwere S-Kür verlangte, gänzlich einhändig geritten. Das hat sich geändert. Heute ist die zweihändige Zügelführung die einzig

GEBISSE

Die einhändige Zügelführung – unverzichtbar in allen Arbeitsreitweisen. Hier ein schwergängiges Tor, bei dem das Pferd sogar mitziehen muss, um es zu öffnen. (Foto: Alison Marburger)

vertretene in den klassischen Reitdisziplinen. Anders in der Working Equitation: Hier ist das oberste Ziel, sein Pferd einhändig in allen Teildisziplinen vorzustellen. Anfangs sind wir gut beraten mit den gebräuchlichen gebrochenen Gebissen. Ob einfach oder doppelt gebrochen, richtet sich nach den Vorlieben Ihres Pferdes. Ich persönlich gebe der D-Ring-Trense den Vorzug, da sie die Lage des Gebisses im Maul besser vorgibt. Neuerdings wieder aus der Vergessenheit aufgetaucht ist die sogenannte Knebeltrense. Sie ist besonders für die gebogenen Lektionen ein adäquates Ausbildungsgebiss, auch für Worker-Pferde.

In der Grundausbildung orientiert sich der Working-Equitation-Ausbilder stark an der klassischen Reitlehre und beachtet ihre Grundsätze. Die Phase der Ausbildung auf Trense ist in der Working Equitation jedoch oftmals etwas kürzer als in der klassischen Dressur.

Ein willkommenes Zwischenstadium ist deshalb die Verwendung einer sogenannten „Babykandare", wie es zum Beispiel das Kimblewick mit seinen kurzen Anzügen ist. Besonders das Kimblewick mit Stange eignet sich perfekt für den Übergang und scheint mehr Ruhe in das Pferdemaul zu bringen als die Ausführungen mit gebrochenem Gebiss.

Die Ausrüstung

Auf der nächsten Stufe der Ausbildung werden gerne Kandaren verwendet, die ihrer Bauart entsprechend als Pelham eingeordnet werden. Merkmale sind die drehbaren beziehungsweise beweglichen Schenkel, aber besonders die Möglichkeit sozusagen auf Trensenhöhe, also fast ohne Wirkung der Kinnkette, ein zweites Zügelpaar einschnallen zu können. Somit ist zumindest gebisstechnisch die Möglichkeit gegeben, sich behutsam an die einhändig gerittene, blanke Kandare heranzutasten. Jede Bedienung eines Gebisses erfordert eine ruhige, besonnene und gerechte Hand. Voraussetzung für jede Zügeleinwirkung mit oder ohne Gebiss ist ein zügelunabhängiger Sitz. Das heißt, Sie dürfen Ihr Gleichgewicht im Sattel nicht mehr über den Zügel suchen. Auch nicht ab und zu und auch nicht in Momenten der Unstimmigkeit. Denn genau in diesen Momenten, die an sich schon hektisch verlaufen, führt eine unbeherrschte Hand zu noch mehr Disharmonie und das angestrebte Vertrauen in die Hand ist schnell verloren. Außerdem müssen wir uns ein hohes Maß an Fingerfertigkeit aneignen, speziell wenn wir mit zwei Zügeln reiten und diese dann auch noch unterschiedlich einsetzen wollen.

Von links nach rechts: Kimblewick mit Stange, Knebeltrense gebrochen, Cavecon mit eingehängter D-Ringtrense (hier ohne Zügel), Worker-Kandare mit Pelham-Option. (Foto: Alison Marburger)

> *Gebisslos = gewaltlos?*
>
> *Ein Thema, das auch in der Worker-Szene präsent ist. Es ist nichts gegen die gebisslose Ausbildung eines Pferdes einzuwenden. Jeder Reiter sollte die am besten geeignete Zäumung für sein Pferd wählen. Gebisslos mit gewaltlos gleichzusetzen, halte ich jedoch für falsch und es zeugt von wenig Pferdeverstand, sich moralisch über jene Reiter zu erheben, die mit Gebiss reiten. Jede Zäumung nimmt durch Druck Einfluss auf den Pferdekopf, ob nun über die Nase oder das Maul oder im schlimmsten Fall beides.*

Sättel

Fast alle Nationen haben Sättel, die sich aufgrund ihres Aussehens oder der Konstruktionsmerkmale eindeutig zuordnen lassen. Jeder Reiter erkennt einen Western- oder Vaquerosattel und kann ihn oft einem bestimmten Kulturkreis zuordnen. Schwieriger wird es bei „Exoten" wie Carmargue, Portugesa oder gar Bardelo und Scarfadasattel.

Wenn einzelne Reiterkulturen keine Pferd-Rinder-Tradition besitzen und dementsprechend auch keine eigenen Sättel vom Typ Arbeitssattel haben, so haben sie doch zumindest eine militärische Reittradition und in Verbindung damit entsprechende Sättel. So ist der Deutsche Kavalleriesattel genauso eindeutig zuzuordnen wie der Englische oder der Ungarische, um nur die bekanntesten zu nennen.

Einige Satteltypen haben eine bewegte Historie, so ist beispielsweise der heute als Portugiesischer Sattel bekannte Sattel eigentlich ein echter Franzose, nämlich ein Sattel à la Pique. Bedingt durch die enge Verbundenheit beider Nationen wurde dieser Sattel von den Portugiesen quasi übernommen, auch deswegen, weil er in seiner Heimat lange Zeit als unmodern galt und vernachlässigt wurde.

All diese Sättel haben aber trotz des unterschiedlichen Äußeren einen gemeinsamen Nenner: die große Auflagefläche. Erst sie machte es möglich, dass Rinderhirten oder Armeereiter über Stunden und Tage im Sattel agieren konnten und dies auch noch möglichst schonend für den Pferderücken.

Dem Reglement entsprechend ist es nicht gestattet auf internationaler Ebene, Sättel, Zäumungen oder Kleidungen zu verwenden, die einer anderen Nation zugeschrieben werden können als der eigenen.

Mittlerweile wird diese Vorgabe nicht mehr ganz so eng ausgelegt wie gedacht und hat speziell auf nationaler Ebene, außer für die Masterclass, überhaupt keine Bedeutung.

Trotzdem liegt es im Verantwortungsbereich jedes einzelnen Reiters, sein Pferd so pferdefreundlich wie möglich zu satteln. Eine gut passende große Auflagefläche mit entsprechender Druckverteilung ist unabdingbar in der Working Equitation. Besonders bei den dynamischen Disziplinen Speedtrail und Rinderarbeit kommt es zu hohen Belastungen für das Pferd im Allgemeinen und für den Rücken im Besonderen.

(Foto. Patrick Waßmuth)

WAS IST WORKING EQUITATION?

In der Working Equitation haben sich vier Teildisziplinen entwickelt, deren Anforderungen sich allesamt an den Aufgaben der ursprünglichen Arbeitspferde orientieren. Selbstverständlich gibt es auf den Turnieren, die mittlerweile über ganz Deutschland verteilt stattfinden, verschiedene Schwierigkeitsgrade. Damit Sie jedoch wissen, wohin die Reise Sie führen könnte, möchte ich Ihnen die vier Teildisziplinen gerne genauer vorstellen, auch wenn in der Einsteiger- und Anfängerklasse natürlich nicht gleich alles abgefragt wird. Gerne würde ich Turniere als Überprüfung der Ausbildung sehen und weniger als Wettkampf. Bevor wir die geforderten Lektionen auch höherer Klassen nüchtern betrachten, denken Sie also daran, dass Harmonie, Geschmeidigkeit und die gezeigte Eleganz den Charme und die Faszination der Working Equitation ausmachen. Machen Sie sich keine Sorgen, die Einsteiger- und Anfängerklasse kann jeder mit ein wenig Übung schaffen. Und auch die Klasse der Fortgeschrittenen wird mit zunehmendem Geschick leichter zu erreichen. Erst in der Masterclass, so wird die höchste Klasse genannt, wird das Pferd einhändig und gezäumt auf blanker Kandare geritten und in allen vier Teilprüfungen vorgestellt. Der Einsatz der zweiten Hand führt in dieser Klasse zur sofortigen Disqualifizierung. Nur minimale Zügelhilfen und das Reiten über Gewichts- und Schenkelhilfen machen dies möglich.

Was ist Working Equitation?

Dressur in der Working Equitation

Wie in jeder Reitweise, bildet die Gymnastizierung die Basis des Erfolgs. Erst durch die Grundlagen der Dressurausbildung formen wir ein geschmeidiges Pferd mit starken Muskeln, Sehnen und Bändern. In der Dressur gymnastizieren und kräftigen wir unsere Pferde. So auch in der Working Equitation. In der Klasse für Einsteiger und Anfänger werden alle drei Grundgangarten gezeigt und bewertet, in der Fortgeschrittenenklasse und der Masterclass zeigen die Reiter vornehmlich nur Schritt und Galopp. Bis zur Fortgeschrittenenklasse werden die Zügel mit beiden Händen geführt. Die Grundgangarten werden entsprechend des Vermögens bewertet wie in anderen Reitsportarten auch, nach der Reinheit der Gänge, Dynamik und Korrektheit der Übergänge, Sitz, Hilfegebung des Reiters sowie der präzisen Ausführung der Bahnfiguren.

Die Dressur einer Einsteigerklasse entspricht etwa den Anforderungen einer E-Dressur. Die Anforderungen der Anfängerklasse sind im Bereich einer A- beziehungsweise L-Dressur anzusiedeln. Der Sprung zur Fortgeschrittenenklasse ist dann recht groß, denn diese unterscheidet sich nur noch in der beidhändigen Zügelführung von der Masterclass, die internationales Niveau hat. Dort werden dann Lektionen wie Arbeits- und versammelter Schritt, Arbeitsgalopp, verstärkter Galopp und der versammelte Galopp, Pirouetten um die Vor- und um die Hinterhand, Traversalen im Schritt und Galopp,

Slalom reiten mit der Garrocha - eines der Schlüsselhindernisse des Trails. (Foto: Alison Marburger)

Galopppirouetten, Wendungen im Galopp, Galoppwechsel, Stopp aus dem Galopp, Rückwärtsrichten und daraus Angaloppieren sowie Außengalopp gefordert.

Stiltrail

Hier wird nicht nur die dressurmäßige Ausbildung des Pferdes geschult beziehungsweise überprüft, sondern auch die Art und Weise, wie die Hindernisse bewältigt werden – Hindernisse, wie sie Pferd und Reiter jeden Tag bei der Arbeit im freien Feld begegnen können.

STILTRAIL

Dem Ausrichter eines Turnieres stehen 18 Hindernisse zur Verfügung, die in beliebiger Reihenfolge aufgebaut werden können, wobei ein Hindernis auch aus mehreren Teilen bestehen kann. Je nach Größe des Platzes oder der Halle und je nach Schwierigkeitsgrad muss eine festgelegte Anzahl an Hindernissen absolviert werden. Wichtiger als die Anzahl, ist für den Schwierigkeitsgrad jedoch die Art und Weise des Aufbaus, die Abfolge und die gewählten Distanzen. Wie der Name dieser Teilprüfung schon verrät, wird hier besonders viel Wert auf die korrekte dressurbetonte Bewältigung des Parcours und der Wege zwischen den Hindernissen gelegt. Die Gangart ist vorgeschrieben und die Punkte, an denen Tempowechsel gezeigt werden müssen, sind mit Hütchen markiert. Selbstverständlich ist auch die Richtung, in die das Hindernis zu bewältigen ist, vorgegeben. Folgende Hindernisse stehen zur Auswahl:

STANGENGASSE IN L-FORM MIT GLOCKE

Die Stangengasse wird im Stiltrail immer im Schritt passiert, im Speedtrail kann sie auch im Galopp geritten werden. Der Reiter muss in die Gasse einreiten, die Glocke läuten und dann rückwärts wieder herausreiten. So werden Durchlässigkeit, Nerv, Geschick sowie die Manövrierfähigkeit im Rückwärts trainiert und bewertet.

Die Glocke ist im Training nicht unbedingt erforderlich, sofern Sie Ihrem Pferd beibringen, einen Moment innezuhalten bevor es wieder rückwärts geht. (Foto: Alison Marburger)

Was ist Working Equitation?

TOR

Das Tor ähnelt einem Weidetor, das es mit korrekter Stellung und Biegung anzureiten gilt, das dann mit einer Hand geöffnet und nach dem Durchreiten auch wieder geschlossen werden muss.

BRÜCKE

Die Brücke kann mit geringem Aufwand selbst gebaut werden (siehe Kapitel Working Equitation für Zuhause). Mit diesem Hindernis werden Durchlässigkeit, Gehorsam und Mut beziehungsweise die nervliche Verfassung des Pferdes überprüft. Aber auch Taktfehler und Zögern fließen in die Bewertung mit ein.

STANGENGASSE MIT RÜCKWÄRTSSLALOM

Drei Slalomstangen jeweils links und rechts bilden eine Gasse, die bis zum Ende durchritten werden muss. Auf der letzten Stange steckt ein Hütchen, das mittels Rückwärts-Slalom an den Anfang der Gasse gebracht und dort auf die erste Stange gesetzt werden muss.

ZWEIER-TONNEN

Dieses Hindernis wird wie eine liegende Acht geritten und besteht aus zwei ganzen Volten. In der Arbeit an den Zweier-Tonnen zeigen sich vor allem Geschick und Wendigkeit des Pferdes sowohl in der Vorwärts- als auch in der Rückwärtsbewegung – eine Fähigkeit, die jedes gute Working-Equitation-Pferd haben sollte.

DREIER-TONNEN

Um die rechte Tonne wird ein ganzer Zirkel, um die mittlere ein halber, und um die dritte wieder ein ganzer Zirkel geritten. Hier zeigt sich neben Wendigkeit und Geschick, wie willig das Pferd die Hilfen auf den extrem engen Wendungen annimmt, wie geschmeidig es sich umstellen lässt und die Galoppwechsel springt.

TISCH MIT KRUG

Dieses Hindernis besteht aus einem Stehtisch, vor dem das Pferd zum Stehen kommen muss. Der Reiter hebt den Krug an und stellt ihn wieder ab. Weder Krug noch Tisch sollten dabei umfallen.

GARROCHA AUFNEHMEN, ABSTELLEN UND RINGSTECHEN

Die Garrocha dient dem Worker im freien Feld als Hilfsmittel, um die Rinder in die gewünschte Richtung zu dirigieren. Dieses Hindernis wird in drei Teilen bewertet. Das Aufnehmen der Garrocha, die in einer Tonne steht, wird ebenso bewertet wie das Ringstechen und das anschließende Absetzen wieder in einer Tonne.

SIDEPASS-STANGE GERADE ODER ÜBER ECK

Dieses Hindernis wird anfangs im Schenkelweichen absolviert, bei erhöhtem Schwierigkeitsgrad später im Travers. Auch in der Rinderarbeit, muss das gute Worker-Pferd sich schnell seitwärts bewegen können.

AUF- UND ABSTEIGEN

Diese Übung klingt einfach. Das geduldige Stehenbleiben liegt jedoch nicht jedem Pferd – schon gar nicht in einer ungewohnten Umgebung und der Atmosphäre eines Turniers. Deshalb ist es sinnvoll, auch beim täglichen Training auf die korrekte Ausführung beim Auf- und Absteigen zu achten. Gehorsam, Erziehung und das Nervenkostüm werden hier getestet und bewertet.

PLANE

Die Plane muss definitiv an den Seiten eingebuddelt oder anderweitig gut befestigt werden. Das Schwierige an diesem Hindernis sind das Knistern und Rascheln sowie die Optik. Hier bewerten die Richter, wie vertrauensvoll das Pferd diese Schwierigkeiten meistert.

UMSETZEN ZWISCHEN ZWEI STÄNDERN

Hier muss der Reiter einen Gegenstand von einem Ständer zu einem anderen transportieren. Der Gegenstand kann eine Jacke, ein Handtuch oder Ähnliches sein. Der Abstand ist meist so gewählt, dass das Pferd ein, zwei Tritte seitwärts zeigen muss. Der Gegenstand wird über das Pferd hinweg auf den anderen Ständer abgelegt. Das korrekte, geschlossene Stehenbleiben und die Qualität des Sidepass werden hier bewertet.

SLALOM

Slalom wird in zwei Varianten geritten: einfach und als Parallelslalom. Der einfache Slalom wird in einer Linie aufgebaut – in der Masterclass beträgt der Abstand zwischen den Slalomstangen sechs Meter. Für Anfänger und Fortgeschrittene wird der Abstand entsprechend des Ausbildungsstandes erhöht. Slalom wird im Trab und später auch im Galopp geritten. Während im Stiltrail auf Biegung und Stellung geachtet wird, und später auch auf die exakten Galoppwechsel, sind im Speedtrail oft wundersame Ritte zu beobachten. Die Bögen möglichst flach haltend, schaffen es einige Reiter, den Slalom in einer unglaublichen Geschwindigkeit zu meistern. Hier wird dem Pferd besondere Flexibilität und Wendigkeit abgefordert. Der Parallelslalom stellt noch sehr viel höhere Anforderungen: In zwei parallelen Linien versetzt aufgebaut, erfordert er eine exakte Linienführung. Einmal schief angeritten, tut man sich schwer diesen Fehler wieder zu korrigieren. Was im Trab noch machbar erscheint, wird im Galopp zu einer großen Herausforderung. Dadurch, dass beiden Slalomlinien durchritten werden, müssen engste Wendungen von drei Metern Durchmesser gemeistert werden. Gefolgt von einem sofortigen fliegenden Wechsel, um die Stange aus der zweiten Slalomreihe umreiten zu können. Hier trennt sich oft die Spreu vom Weizen. Enorme Wendigkeit, Elastizität und Gehorsam – alles wird auf eine harte Probe gestellt, sowohl im Stil- als auch im Speedtrail.

Eine Fülle von Bewertungskriterien stehen den Richtern zur Verfügung. Perfekt geritten ist es eine Augenweide. Die komplexen Anforderungen jedoch bieten eine solche Vielzahl von Kritikpunkten, dass der Slalom neben den Dreier-Tonnen eines der reiterlichen Schlüsselhindernisse des Trails ist.

Was ist Working Equitation?

SPRUNG

Der Sprung besteht je nach Schwierigkeitsgrad aus einem Strohballen oder einem bis zu 80 Zentimeter hohen Hindernis. Es gilt der Überprüfung der Gehorsamkeit, denn auch in der Arbeit auf dem freien Feld muss hin und wieder ein Graben, ein Baumstamm oder Ähnliches übersprungen werden. Ein vertrauensvolles Pferd erleichtert die Arbeit.

WASSERGRABEN

Das Wasserhindernis muss mutig und ohne zu zögern überquert werden. Hier werden Gehorsam und Vertrauen gewertet.

Im Trail zeigt sich noch einmal mehr die nervliche Konstitution unseres Pferdes. Im Galopp bis direkt vor ein Hindernis zu reiten, dann unmittelbar und ruhig stehen zu bleiben, sich zu drehen und zum Beispiel im Sidepass über eine Stange zu traversieren oder ein Tor zu öffnen und zu schließen, erfordert ein ausgeglichenes Pferd. So werden Kooperationsbereitschaft überprüft und Gehorsam und Geschick geschult - unerlässliche Eigenschaften für die Rinderarbeit. Jedes einzelne dieser Hindernisse, so unscheinbar es sein mag, hat auch echte Profireiter schon bei Europa- oder Weltmeisterschaften zur Weißglut getrieben.

Worker-Pferde müssen alle Unwägbarkeiten mutig meistern. Die Trailhindernisse tragen der echten Arbeit im Feld so gut es geht Rechnung. (Foto: Alison Marburger)

Speedtrail

Hier wird das Geschick von Pferd und Reiter nochmals verstärkt auf die Probe gestellt. Oft ergibt sich im Arbeitsalltag die Notwendigkeit, schneller und besonders wendig zu reagieren, um ein Ziel zu erreichen oder einem Rind den Weg abzusperren. Häufig muss das Pferd auch einem aufgebrachten Rind schnellstmöglich ausweichen können. Diese Fähigkeiten werden im Speedtrail überprüft. Hier ist ein Maximum an Selbsteinschätzung gefordert. Ein ähnlicher Parcours wie im Stiltrail wird nun auf Zeit geritten. Es sind keine Tempi vorgeschrieben, die Hindernisse müssen einfach nur so schnell wie möglich absolviert werden. Und genau darin liegt die Schwierigkeit, denn jedes Umreiten eines Hindernisses führt zu einer Zeitstrafe. Fällt ein Hindernis, muss es wieder aufgestellt werden, damit ein gültiger Lauf entsteht. Meist ist der Speedtrail so aufgebaut, dass ein „Durchheizen" nicht möglich ist – zu knapp aufeinander und in zu schwierigen Kombinationen stehen die jeweiligen Hindernisse. Ein hohes Maß an Rittigkeit und Kontrolle sind Voraussetzung für die erfolgreiche Teilnahme am Speedtrail. Ohne fortgeschrittene Dressurausbildung ist eine korrekte Bewältigung nicht möglich.

Flüssiger Galopp bergauf und bergab ist immer ein gutes Training für den Speedtrail. Auch das Reiten mit der Garrocha will gelernt sein. (Foto: Alison Marburger)

Was ist Working Equitation?

Rinderarbeit

Rinder zur Tränke oder auf eine andere Weide zu treiben, gehört zum Alltag auf den Rinderfarmen. Besonderes Können ist dann gefordert, wenn die Kälber von ihren Müttern abgesetzt werden. Mehrmals im Jahr müssen die Jungrinder zumindest kurzfristig sortiert werden, um entwurmt oder geimpft zu werden oder Ohrmarken zu bekommen. Die Mutterkühe sind in der Regel nicht angetan von diesem Vorhaben, und auch die Kälber wollen sich nicht gerne trennen lassen. Meist reiten mehrere Reiter zusammen, um sich zu ergänzen. Jeder sollte sich darauf verlassen können, dass der oder die anderen die restliche Herde in Schach halten, während ein einzelner oder zwei Reiter ein Kalb aussortieren. Das Zusammenspiel muss funktionieren, ansonsten entsteht ein heilloses Durcheinander und Mensch und Tier erleiden im schlimmsten Fall Verletzungen.

Einzelne Rinder rennen blindlings in Zäune, während andere versuchen darüber zu springen. All das müssen die Reiter verhindern. Ohne mitdenkende und gut ausgebildete Pferde, die zuverlässig arbeiten, ist das nicht zu schaffen.

Auch im Turnierwesen wird diese wichtigste Tätigkeit der Arbeitsreitweisen in einer stilisierten Form überprüft. Sie ist die wahre Königsdisziplin. Ein top gerittenes Pferd an

Rinderarbeit – die Königsdisziplin. Mut, Entschlossenheit und Umsicht sind gefragt. Jetzt ernten wir die Früchte unserer Ausbildung. (Foto: Alison Marburger)

den Rindern ist durch nichts zu ersetzen, ein Genuss für jeden Reiter und das eigentliche Ziel unserer Ausbildung.

Nur in der Rinderarbeit können Pferd und Reiter ihre Zusammengehörigkeit zeigen. Nur hier sehen wir intuitives Reiten, nicht zigfach einstudierte Bewegungsabfolgen, sondern oft unvorhersehbare Aktionen und Reaktionen. Jetzt zeigen sich die Früchte der Ausbildung, …aber auch die Fehler.

Natürlich sollte man auch die Rinderarbeit mit seinem Pferd trainieren. Deutschlandweit werden hierzu Kurse und Lehrgänge angeboten, zum Beispiel vom Working Equitation College oder auch bei manchen Westernreitställen.

Eine gute Vorarbeit ist das Spiel mit großen Pferdebällen. Sie können diese mit Ihrem Pferd anstupsen, sie dann überholen und von Ihrem Pferd stoppen lassen. Das muss natürlich erst in vielen kleinschrittigen Trainingseinheiten geübt werden. Den Ball mit zwei Reitern zu bewegen macht eine Menge Spaß und senkt die Protestschwelle unseres Pferdes, denn auch hier kommt es zu turbulenten, nicht vorher trainierbaren Begebenheiten. Aber genau das möchten wir in diesem Fall ausbauen und üben. Angaloppieren, stoppen, wenden, traversieren und das alles ohne Vorwarnung und Vorbereitung. Das sind wichtige Bausteine für die Rinderarbeit. Wenn der Ball von der Bande abprallt und unser Pferd lernt, ihn geschickt abzublocken, können wir wunderbar „Rinderarbeit" simulieren, ohne auf kostspielige echte Rinder angewiesen zu sein. Die Rinderdisziplin ist ein Teamwettbewerb, bei dem jedoch immer nur einer der Reiter bewertet wird. Die Aufgabe des Prüfungsteilnehmers ist es, alleine eine Linie zu überreiten und dann ein vorher markiertes Rind vom Rest der Gruppe abzusondern. Anschließend muss es über die Grundlinie getrieben und dann je nach Absprache mit einem oder zwei Helfern in ein anderes Gehege getrieben werden. Die anderen Helfer behalten derweil den Rest der Rinder im Auge und verhindern ein Ausbrechen, das für den zu Prüfenden Fehlerpunkte bedeuten würde. Mut und Entschlossenheit von Reiter und Pferd werden auf die Probe gestellt.

Die Arbeit mit den Rindern erfordert ein durchlässiges, mutiges und gut reagierendes Pferd. Abrupte Stopps und schnelle Wendungen ermöglichen dann Bestzeiten.

Ausgebildete Worker-Pferde sind zu allem zu gebrauchen. Rinder fragen nicht, ob das Gelände gut reitbar ist. (Foto: Alison Marburger)

(Foto: Alison Marburger)

BODENARBEIT
À LA WORKER

Oftmals sieht die Realität beim Longieren so aus, dass der Ausbilder in der Mitte des Zirkels steht, die Longe, die meist im Gebissring eingeschnallt ist, in einer Hand und die Peitsche in der anderen Hand hält. Das Pferd läuft dann „eingespannt" zwischen Longe und Peitsche im Kreis. Hört der Longenführer auf zu treiben, fällt das Pferd entweder in den Schritt oder bleibt ganz stehen, fuchtelt er mit der Peitsche herum, galoppiert es an. Andere Pferde wiederum drehen stoisch und unermüdlich ihre Runden im Trab, um sich „auszupowern", bevor sie geritten werden.

All dies hat sicher auch im Kern seine Berechtigung, aber man könnte es deutlich besser machen und vor allen Dingen sinnvoller gestalten. Ganz abgesehen davon, dass ich es für ein Armutszeugnis halte, Pferde vor der Ausbildungseinheit bis zur Ermüdung zu longieren. Denn was gibt es Schöneres, als ein so wundervolles Geschöpf mit voller Kraft und Aufmerksamkeit zur Verfügung zu haben? Das Workout kann auch unter unserer Anleitung sinnvoll genutzt werden und wenn unser Kumpel müde wird, hören wir bald auf und fangen nicht erst an.

Bodenarbeit à la Worker

Das „Im-Kreis-Rennen", wie es oft praktiziert wird, trainiert wenn überhaupt nur die Ausdauer, selten die Muskulatur, geschweige denn das Gehirn, und wird noch seltener später zu unserem Vorteil eingesetzt werden. Wollen Sie Ihrem Pferd dennoch die Möglichkeit geben sich auszupowern, gibt es nur zwei Arten dies zu tun: Entweder wir stehen in der Mitte und agieren aktiv oder wir stehen außerhalb und überlassen dem Pferd den Platz oder Roundpen. Falsch wäre es in jedem Fall, sich in die Führungsposition in der Zirkelmitte zu stellen und das Pferd toben zu lassen. Dadurch signalisieren wir unseren Status als „Beifahrer" und nicht als jemand, der Führungsanspruch hat und eine bestimmende Position einnehmen möchte. Die Bodenarbeit ist ein wichtiger Baustein in der Ausbildung eines Reitpferdes. Schauen wir, wie wir sie bestmöglich nutzen können.

Das Longieren

Für die Anfänge an der Longe, wenn das Pferd noch nicht so recht weiß, was zu tun ist, hat sich das Knotenhalfter bereits bestens bewährt. Es bietet ausreichend Stabilität und gibt uns auch in holprigen Momenten die Möglichkeit genügend einwirken zu können ohne das Pferd durch unfreiwillig zu harte Einwirkung zu irritieren. Sobald aber die Grundlagen erlernt sind, sollten wir uns dem feineren Instrument, dem Cavecon widmen. Es bietet ein Vielfaches an Möglichkeiten im Vergleich zum Knotenhalfter: Es ermöglicht eine zielgerichtete, wohldosierte und feinere Einwirkung und lässt zudem auch eine einseitige Einflussnahme zu. Der klassische Kappzaum hat in letzter Zeit stark an Popularität verloren. Zu schwer, zu grob, zu wuchtig – das sind die Argumente, die gegen ihn sprechen. Longiergurte benötigen wir in der Regel nicht, machen sie doch nur Sinn, wenn wir Hilfszügel oder die Doppellonge einsetzen wollen. Von beidem sollte man die Finger lassen, wenn man nicht ausreichend Erfahrung damit hat.

Bevor wir mit dem eigentlichen Arbeiten, besser Ausbilden an der Longe beginnen, haben wir unser Pferd schon im täglichen Umgang gut auf die neue Aufgabe vorbereitet. Unser Pferd hat das Führtraining ebenso wie die Grundregeln der Bodenarbeit schon mit Bravour absolviert. Das heißt, es folgt uns am Führstrick überall hin, tritt uns nicht auf die Füße und drängt sich nicht in unseren Bewegungsradius. Darüber hinaus haben Sie schon einige Übungen wie Seitwärtsweichen und Rückwärtstreten geübt. Sie und Ihr Pferd kennen sich also schon gut und können einander einschätzen.

Neben der Vorbereitung im Stall und auf dem Weg zum Ausbildungsplatz gibt uns das Longieren die beste Möglichkeit auf unser Pferd Einfluss zu nehmen und unser Verhältnis zu ihm zu verbessern. Wir haben die Chance, unseren Anspruch auf Führung zu festigen sowie die Konzentration unseres Pferdes zu erhöhen.

Darüber hinaus erhöhen wir die Protestschwelle und fördern die Kooperationsbereitschaft. All das vom Boden aus, ohne uns auf unsicheren Posten, nämlich in den Sattel zu begeben. Davon ausgehend, dass die Grundlagen des Lobens, Tadelns und Konditionie-

Das Cavecon bietet sich hervorragend für die vertrauensvolle Bodenarbeit an – anfänglich jedoch ohne das Gebiss, das hier während der Gewöhnungsphase eingeschnallt wurde. (Foto: Alison Marburger)

rens Pferd und Reiter bekannt sind, geht es nun perfekt vorbereitet in den Roundpen oder den Longierzirkel. Dort haben wir die Möglichkeit unser Pferd auch frei zu arbeiten, ohne Ecken, die den Ablauf immer wieder stören und die Ausbildung unnötig erschweren.

Das Ziel des Longierens ist es, das Pferd nur durch leise Stimmkommandos und minimale Gestik in den Grundgangarten und Übergängen zu bewegen und anzuhalten. Abruptes Anhalten und Wendungen können wir durch leichte Körpersignale auslösen. Das Pferd soll das Tempo eigenständig einhalten, bis eine neue Aufgabe gestellt wird. Dadurch wird die Konzentration sowie die Kooperation gefördert und gefestigt.

Unser erstes Ziel wird es sein, das Pferd in den drei Grundgangarten auf dem Zirkel zu halten, also sicherzustellen, dass das Pferd nicht nach innen drängt und eine einmal verlangte Gangart einhält.

Wir benutzen zunächst den Trab als vorherrschende Gangart, da die meisten Pferde ihn in der Regel von sich aus anbieten. Aus dem Trab erarbeiten wir dann nach und nach Schritt und Galopp. Im Trab gewöhnen wir unser Pferd an ein schnalzendes Geräusch und loben kräftig und ausgiebig, solange es ansprechend trabt. Das Schnalzen wird für immer sein Zeichen für Trab sein, wir verwenden es also später weder für Schritt noch für Galopp.

Bodenarbeit à la Worker

Ruhiger, entspannter Schritt ist auch unter erschwerten Bedingungen Ziel der Bodenarbeit. (Foto: Alison Marburger)

Treibende Hilfen unterlassen wir, solange der Trab anhält; aufmerksam drehen wir uns mit dem Pferd in entspannter Körperhaltung ohne ständig drohende Gerte. Wenn das Pferd zuverlässig auf dem Zirkel trabt, können Sie es vorsichtig dazu veranlassen, in den Schritt durchzuparieren. Dies tun Sie durch den entsprechenden Einsatz Ihres Körpers und/oder einen Impuls am Cavecon. Verlagern Sie Ihr Gewicht zum Durchparieren des Pferdes auf das Bein, das zum Pferdekopf zeigt und geben Sie Ihrem Pferd mit einem kleinen Handzeichen in Richtung Vorhand zu verstehen, dass es nicht in gleichem Tempo weitergehen soll. Erkennen Sie den Übergang zum Schritt, kommt sofort ein Lob und wir gewöhnen unser Pferd an das akustische Signal für Schritt. Während früher das bekannte "Scheritt" das Signal war, hat sich ein simples "Sch-sch" besser in der Praxis bewährt. Nach wenigen Schritten, bevor das Pferd wieder von selbst in die bevorzugte Gangart des Trabs wechseln wird, schicken wir es mit einem Schnalzlaut behutsam in den Trab. Klappt das nicht, heben wir zunächst nur etwas die Gerte an, warten kurz ab und schnalzen noch einmal. Erst wenn dann immer noch keine Reaktion erfolgt, kann die Gerte zur visuellen Unterstützung eingesetzt werden. Ist unser Partner wieder im Trab, loben wir ihn ausgiebig, schnalzen und lassen die Gerte wieder absinken. Es gibt keinen Grund weiter zu treiben oder zu drohen.

Den Galopp zu erarbeiten ist meist kein Problem. Als akustisches Signal habe ich mich für einen Kusslaut entschieden. Der Galopp wird mit dem selben Prozedere eingeleitet wie der Trab. Sie geben also zunächst das akustische Zeichen, warten ab, ob Ihr Pferd sofort reagiert, wiederholen den Kusslaut noch einmal und warten auf die Reaktion. Erst wenn diese dann nicht erfolgt, kann die Gerte wieder in Kombination mit dem akustischen Zeichen eingesetzt werden. Ist das Pferd schließlich im Galopp, loben Sie es wieder ausgiebig, wiederholen den Kusslaut und stellen die Gertenhilfe ein. Aus dem Galopp wechseln wir zunächst erst in den Trab, später in den Schritt. Dabei verfahren wir ähnlich wie beim Übergang vom Trab zum Schritt.

Diese Aufgabe erfordert ein hohes Maß an Konzentration von uns und unserem

Pferd. Schließlich wollen wir die Sensibilität und Aufmerksamkeit unseres Partners kontinuierlich erhalten. Das heißt, wir sind uns unserer Körpersprache in der Arbeit mit dem Pferd bewusst, verhalten uns leise und vermeiden aufwendige Gesten und Gebärden. So veranlassen wir unser Pferd zuzuhören und auch auf feine Signale unseres Körpers zu achten.

Eine selbstständige Änderung des Tempos oder der Richtung gestatten wir keinesfalls. Gerne kürzen Pferde ab und verkleinern den vorgegebenen Zirkel selbstständig, meist indem sie mit der Vorhand leicht nach innen drängen. Es ist keinesfalls bösartig, wenn unser Pferd das immer wieder versucht, es versucht es sich einfach bequemer zu machen. Ähnlich wie bei den Übergängen machen wir dann einen impulsiven Schritt in Richtung der Schulter, die sich gerade nach innen verschieben will. Wir versetzen quasi das Pferd wieder nach außen und übernehmen so die Schulterkontrolle.

Die nächsthöhere Anforderung an unser Pferd ist es, auf unsere Anweisung hin zu stoppen. Dazu bewegen wir uns zunächst impulsartig und bestimmt Richtung Vorhand des Pferdes und suggerieren ihm den Weg abzuschneiden. Die deutliche Körpersprache wird von dem akustischen Signal fürs Stoppen begleitet. Ich nutze dafür das Signal „Wow". Sobald das Pferd steht, fällt jegliche Spannung von uns ab, wir nähern uns ruhig und gelassen unserem Pferd, liebkosen und streicheln es. Danach schicken wir es wieder von uns weg. Beim Stopp sehen wir unter Umständen erstmals das Geschick unseres Pferdes, die Hinterhand unterzusetzen, sich auszubalancieren und den Rücken dabei aufzuwölben.

Zur Förderung der Konzentration belassen wir unser Pferd phasenweise länger in einer Gangart, immer darauf Bedacht, bei eigenständigen Tempiwechsel entsprechend einzuwirken. Nicht aufwendig, aber bestimmt fordern wir unser Pferd wieder auf, die ursprüngliche Gangart einzunehmen, immer begleitet vom jeweiligen Stimmkommando und Lob bei korrektem Verhalten. Nach einigen Wochen sollten wir in der Lage sein, unser Pferd in allen Gangarten und Übergängen alleine durch Stimme und minimale Körpersignale zu dirigieren.

Der nächste Schritt in der Ausbildung ist das Wenden auf ein Zeichen hin. Die Einleitung des Kommandos ist dieselbe wie beim Stopp. Allerdings unterlassen wir meist das Stimmsignal und schicken unser Pferd nur mittels Körpersprache sofort weiter in die entgegengesetzte Richtung. Unsere Bewegung in Richtung Vorhand ist nicht hektisch, aber bestimmt. Vermitteln Sie Ihrem Pferd das Gefühl, dass es in der bisherigen Richtung kein Weiterkommen gibt, ähnlich einer imaginären Straßensperre. Diese Vorgehensweise verlangt äußerste Konzentration und Unterdrückung aller Emotionen. Durch ruhige Wiederholungen wird eine Wendung zum normalen Bewegungsablauf, so wie Schritt oder Trab. Jetzt zeigt sich, wie geschickt unser Pferd auf den Beinen und wie gut ausbalanciert es schon ist. Sobald wir unser Pferd auf diese Weise bewegen und mit feinen Hilfen dirigieren können, ist es möglich unsere Kommunikationn auf eine neue Stufe zu heben.

Bodenarbeit à la Worker

Ein Ausfallschritt genügt, um eine Wendung einzuleiten, wir „fragen". Mit etwas aufwendigerer Körpersprache des Ausbilders wäre es dann schon „bitten". (Foto: Alison Marburger)

Schritt für Schritt verkürzen wir die Intervalle der Übergänge und Aufgaben, hoch konzentriert lassen wir unser Pferd Schritt, Trab und Galopp gehen, stoppen und wenden in allen möglichen Kombinationen. Diese gemeinsame Arbeit soll auf keinen Fall in ein „Triezen" ausarten, sondern eher zu einem kommunikativen Tanz werden.

Jetzt sehen wir auch schon deutlich, wie unser Pferd reagiert, wenn es dynamisch wird, wenn mehrere Kommandos, Reize und Hilfen kurz hintereinander erfolgen. Je nach nervlicher Veranlagung unseres Partners müssen wir nun unsere Aufmerksamkeit darauf richten, die individuellen Charakterzüge zu unterstützen.

Hitzige, temperamentvolle Pferde arbeiten wir mit äußerster Ruhe und steigern nur sehr langsam die Anforderungen sowie die kurzen Abfolgen. Besonders Wendungen und Stopps bereiten wir bei ihnen vor, anstatt sie abrupt abzurufen. Träge Träumer und meist selbstsichere Pferde können wir sensibilisieren, aufwecken und fordern.

Die unter „Leistungsdruck" gezeigten Charaktermerkmale müssen nicht zwangsläufig mit den sonstigen Verhaltensweisen übereinstimmen. Oft zeigen Pferde im „On-Modus" eine bisher unbekannte Seite.

Unter Umständen erkennen wir nun auch die individuelle Reiz- beziehungsweise Protestschwelle. Mit seiner Mimik und Körperspache zeigt unser Pferd zum Beispiel durch Ausschlagen deutlich, wenn wir zu viel verlangen und unser Partner noch nicht so weit ist.

Diese Art von Ausbildung hat einen spielerischen Ansatz und gibt uns doch die Möglichkeit unser Pferd ganz hervorragend zu gymnastizieren, seine Balance zu fördern und es auf kommende Aufgaben vorzubereiten. Wir lernen unser Pferd sozusagen unter Belastung kennen und fördern ganz nebenbei die Kommunikation. Wir lernen auch seinen Bewegungsapparat und seine starke sowie schwache Seite besser kennen. Bänder, Sehnen und Gelenke werden trainiert und die Ausdauer gefördert. Prüfstein für alle Übungen, Bewegungsabläufe und Spiele bleibt der entspannte, gelöste Schritt im unmittelbaren Anschluss. Zeigt unser Pferd dabei mehr als drei oder vier verspannte Schritte noch dazu mit weggedrücktem Rücken, können wir die Ausführung der Aufgabe leider nur mit einem „mangelhaft" bewerten. Hier gilt es, das Pferd wieder zur Ruhe kommen zu lassen und vielleicht sogar wieder einen kleinen Schritt zurückzugehen.

Longieren unter Ablenkung

Schon kurz nachdem wir mit unserem Pferd die ersten kontrollierten Manöver im Roundpen beherrschen, können wir unter größerem Reizeinfluss trainieren, natürlich immer vorausgesetzt, dass das Nervenkostüm unseres Partners dies zulässt. Dazu können wir zum Beispiel unser Trainingsgelände mit allem dekorieren, was unsere Fantasie erlaubt. Dabei ist es völlig egal, ob das Kinderroller, Dekobänder, Plastiktonnen oder Vogelscheuchen sind. Lediglich der Unfallgefahr und der Sicherheit unseres Pferdes muss Rechnung getragen werden.

Wenn wir unser Pferd mit den verschiedenen Hindernissen oder besser Umweltreizen konfrontieren, müssen wir uns im Klaren darüber sein, dass es auch zu Reaktionen kommen kann. Wie auch immer diese Reaktion aussehen kann, sie ist für uns immer ein nützliches Indiz und nie ein Ärgernis. Sie gibt uns Aufschluss über den Gemütszustand des Pferdes und seine nervliche Veranlagung.

Wie bereits erwähnt, macht es keinen Sinn, das Pferd durch bloße Gewöhnung an das eine oder andere Gespenst zu desensibilisieren. Zu viele „unheimliche" Situationen erwarten es in der Zukunft.

Am liebsten hätte natürlich jeder Reiter das ideale Pferd, das einen neuen Umweltreiz erkennt, begutachtet und gelassen daran vorbei- oder darüber hinweggeht. So entspannt sind jedoch die wenigsten Pferde. Viele Reaktionen sind möglich: vom „Nicht sehen wollen", frei nach dem Motto „So lange es weit genug weg ist und sich nicht bewegt, passiert mir nichts", bis hin zum hypersensiblen, panischen Angsthasen. Alle Facetten dazwischen und auch in gemischter Form sind möglich. Manche Pferde werden auf bewegliche Reize reagieren, während andere schnell akustisch zu beeindrucken sind, wieder andere werden bei Berührungen durch fremde Gegenstände in Angst und Schrecken versetzt.

Bodenarbeit à la Worker

Longieren mit Anspruch – Gefälle, eine Treppe, ein gebogener Engpass und einiges mehr fördern Vertrauen, Geschick, mentale Belastbarkeit und Gehorsam. (Foto: Alison Marburger)

Auch eigentlich längst bekannte Hindernisse können sich urplötzlich in „Monster" verwandeln. Dann nämlich, wenn zum Beispiel statt der einen bekannten Kunststoffpylone plötzlich drei oder vier quasi als Gruppe in der Ecke des Reitplatzes stehen. Für viele Pferde spielt es auch eine große Rolle, ob der Reiz von der linken oder rechten Seite kommt. Wie sollen wir also am besten vorgehen? Zunächst fangen wir wie immer schön langsam an und beschränken uns auf ein einziges günstig platziertes Hindernis. Die krasse Alternative wäre, uns der sogenannten Reizüberflutungs-Methode zu bedienen. Damit ist gemeint, dass der Reitplatz oder Roundpen mit so vielen verschiedenen Gegenständen und Hindernissen zugestellt wird, dass unser Pferd den sprichwörtlichen Wald vor lauter Bäumen nicht mehr sieht oder genauer gesagt, zunächst so beeindruckt ist vom Gesamtkunstwerk, dass die einzelnen Reize nicht wahrgenommen werden können. Ich selbst habe diese Methode auch schon praktiziert, jedoch festgestellt, dass sie wenig Erfolg versprechend ist. Zwar turnte mein Pferd tatsächlich irgendwann völlig entspannt durch dieses „Hindernis-Mikado", allerdings war es trotzdem nicht möglich, eine einzeln auf dem Reitplatz liegende Stange zu passieren, ohne es nachdrücklich zu fordern. Wie gesagt, Pferde haben ihre ganz eigene Art Dinge wahrzunehmen.

LONGIEREN UNTER ABLENKUNG

Nehmen wir also lieber erst einmal einen einzelnen Kegel und stellen ihn so hin, dass unser Pferd fast, aber nur fast darüberlaufen muss, wenn es daran vorbei will. Wir longieren so wie immer und harren der Dinge, die sicher kommen werden. Ganz nebenbei haben wir so auch einen Engpass geschaffen, der alleine ja schon ein Hindernis darstellt.

Natürlich wollen wir, dass unser Pferd diesen Engpass passiert und nicht innen am Kegel vorbei läuft. Wir sollten uns aber zunächst damit zufriedengeben, unser Pferd entspannt in der Nähe des Kegels longieren zu können. Im Folgenden wird sich zeigen, wie gut wir vorgearbeitet und die Kommunikation mit unserem Pferd bereits verfeinert haben. Ähnlich dem Vorgehen bei der Schulterkontrolle, schicken wir es jetzt auch mit einem energischen Schritt Richtung Schulter nach außen, kurz bevor das Hütchen erreicht ist und gestatten ihm nicht mehr innen vorbeizulaufen.

Hat das Pferd bereits beim ersten Versuch verstanden, was wir von ihm wollen, loben wir es schon während des Entlanglaufens am Kegel, halten danach an und loben sofort ausgiebig weiter.

Wer jetzt glaubt, das Thema wäre damit schon erledigt, der irrt gewaltig. Denn aller Wahrscheinlichkeit nach haben wir unser Pferd durch unser brüskes Auftreten nur überrumpelt, überrascht und ausgetrickst.

Bereits ein paar Tonnen, auf denen sich auch wunderbar mit den Fingern Geräusche erzeugen lassen, können als Ablenkung dienen. (Foto: Alison Marburger)

Bodenarbeit à la Worker

Die entscheidende Sekunde: Wir schicken das Pferd durch einen Schritt Richtung Pferdeschulter nach außen und fordern ein Passieren des Engpasses. (Foto: Alison Marburger)

Erst bei den nächsten Versuchen und vor allem im Schritt wird sich zeigen, ob unser Kumpel das ihm gestellte Hindernis tatsächlich bewusst passiert oder aber darüber hinwegfegt beziehungsweise sich doch noch in letzter Sekunde seitlich daran vorbeimogelt.

Geschieht das wiederholt, müssen wir jetzt unbedingt unseren Anspruch auf Führung durchsetzen. Dabei bleiben wir jedoch höflich, sozusagen höflich im Ton, aber dennoch hart in der Sache.

Wir halten uns auch jetzt an das bekannte Vier-Stufen-Schema: Zuerst "wünschen" wir uns etwas. Geschieht nichts, "bitten" wir das Pferd. Danach "fragen" wir es und zu guter Letzt erst dürfen wir "fordern". Zur Not verkürzen wir die Longe beziehungsweise die Distanz zum Pferd, um mehr Einwirkungsmöglichkeiten zu haben.

Unser Ziel ist es nicht, das Pferd irgendwie durch den Engpass zu quetschen, sondern ihm zu vermitteln, dass absolut keine Gefahr droht oder besteht, wenn wir es irgendwo hin- oder durchschicken.

Dieses an sich lächerlich anmutende Plastikhütchen in unserem Longierzirkel ist unser erster Prüfstein. Viele weitere werden folgen, aber gerade diese ersten gemeinsamen Erfahrungen haben eine Schlüsselrolle für die gesamte spätere Laufbahn als partnerschaftliches Reitpferd oder verlässliches Working-Equitation-Pferd.

LONGIEREN UNTER ABLENKUNG

Das symbolische „Ehrenwort", das wir unserem Pferd dabei geben, indem wir sagen „Da wo ich dich hinschicke, wird dir nichts geschehen", darf natürlich besonders in den Anfängen der Ausbildung bei sensiblen Pferden niemals gebrochen werden. Geschieht uns mangels Sorgfalt ein Missgeschick (zum Beispiel wenn eine Plastiktonne umfällt oder gar ein morsches Brett auf der Brücke einbricht), wird das mühsam erworbene Vertrauen wenn nicht zerstört, so doch in seiner Gesamtheit infrage gestellt. Dann wird unweigerlich wieder das Pferd selbst abwägen, was ihm gefährlich und was harmlos erscheint.

Von einer Führungspersönlichkeit erwartet unser Pferd (zu recht), dass Fehlentscheidungen ausgeschlossen sind. Er verlässt sich komplett auf uns und unsere Führung. Erst viel später in der Ausbildung, wenn Pferd und Reiter schon als Team gefestigt und eng zusammengewachsen sind, verzeiht uns unser Pferd kleinere Fehleinschätzungen. Zu oft sollten uns diese aber nicht passieren.

Um den Schwierigkeitsgrad ein wenig zu erhöhen, ersetzen wir das Hütchen in unserem Longierzirkel durch eine am Boden liegende Stange, Mülltonne oder einen Stecken mit Plastiktüte oder Ähnliches (Ihrer Fantasie sind da keine Grenzen gesetzt). Erst danach können wir mehrere Reize in Folge einsetzen. Auch kleine Sprünge über verschiedene Hindernisse kommen zum Einsatz, bis unser Reitplatz einem Abenteuerspielplatz für Pferde gleicht. All dies muss immer mit höchster Vorsicht geschehen, damit nichts „schiefgeht" und immer unter der Prämisse, dass wir das uns vertrauende Pferd sicher führen, lenken und steuern.

Die Herangehensweise an ein neues Hindernis bleibt immer dieselbe, wie bei diesem ersten so wichtigen Kegel.

In der weiteren Ausbildung lassen wir unser Pferd auch stoppen, wenden und galoppieren, anhalten, streicheln es und schicken es wieder in den Parcours. Die Arbeit mit Ihrem Pferd sollte sich für Sie beide anfühlen wie ein Tanz, ein Tanz mit den Elementen, wenn Sie so wollen.

Bei diesem Tanz mit den Elementen fördern wir eine Vielzahl von Reflexen. Außerdem erhöhen wir die geistige und körperliche Flexibilität und schulen die mentale Bereitschaft mitzumachen, zu reagieren, aber auch selbst zu agieren.

Dieser Teil der Ausbildung ist von ungeheuerer Wichtigkeit, vom ersten Kegel bis zum komplexen Parcours. Das ist einer unserer Basisbausteine in der Ausbildung. Spielerisch, aber doch konsequent können wir ihn immer wieder auch zur Abwechslung und Lockerung in der weiteren Ausbildung unseres Pferdes einsetzen.

Haben wir unser Pferd vom Boden aus gut und gewissenhaft vorbereitet, wird es uns später vom Sattel aus nicht schwerfallen, die einzelnen Trailhindernisse zu bewältigen. Keine Minute vernünftiger und zielgerichteter Bodenarbeit ist "verlorene Zeit". Bereits vom Boden aus betrachten wir unser Pferd mit dem Auge eines Reiters, denn die gelungene Bodenarbeit ist für uns nur der Anfang einer weiteren fruchtbaren Ausbildung zum verlässlichen Reitpferd oder, wenn alles klappt, zu einem nervenstarken Working-Equitation-Pferd.

Bodenarbeit à la Worker

Bodenarbeit

Für den Anfang bleiben wir auf unserem gewohnten Abenteuerspielplatz. Er dient uns als Möglichkeit, das Pferd in gewohnter Manier zu bewegen, zu entspannen und zu lockern. Vorausgesetzt natürlich wir können unser Pferd an der Hand, ausgestattet mit Cavecon und Führlonge in alle Richtungen dirigieren, steuern und handhaben. Damit ist nicht nur links- und rechtsherum gemeint, sondern auch vor, zurück und seitwärts. Nachdem wir unser Pferd ein wenig an den Hindernissen bewegt haben, auch die ein oder andere Gehorsamsübung absolviert haben, geht es los.

Immer wieder fragen wir die Basics ab: Folgen, Stoppen und Rückwärtstreten. Auch wenn es nur wenige Sekunden dauert, bilden diese Übungen das mentale Warm-up und sind deshalb besonders wichtig. Zunächst stellen wir uns exakt vor unser Pferd und treten synchron vor und zurück, wobei wir auf die Einhaltung unseres Individualabstands achten. Hilfsweise kann die Gerte zum Einsatz kommen. In diesem Fall tippt sie die Brust an, wenn wir vorwärtsgehen und das Pferd rückwärtsgehen sollte. Hilfreich ist eine längere Gerte, um auch die Hinterhand erreichen zu können, sollte es uns nicht folgen, während wir rückwärtsgehen. So können wir uns mit einiger Übung gemeinsam mit dem

Die Schaukel an der Hand. Vorwärts und rückwärts bewegen wir uns, ähnlich einem tanzenden Paar, mit Achtung, Gefühl und dem perfekten Timing. (Foto: Alison Marburger)

Pferd fließend vor und zurück bewegen, mit etwas Talent auch nur jeweils zwei, drei Schritte. Viel später in der Ausbildung begegnet uns diese Übung wieder unter dem Sattel, dann heißt sie Schaukel. Bei der Erarbeitung der Lektionen gilt wieder das Vier-Stufen Schema „Wünschen-Bitten-Fragen-Fordern". Das heißt also, wir müssen in der Bodenarbeit die Gerte als verlängerten Arm des Reiters unter Kontrolle haben. Die Gerte kann mahnen, drohen, Impulse geben und loben, aber auch strafen.

Es muss für das Pferd immer klar ersichtlich sein, welche Signale wir senden. Besser noch wir wissen, welche Signale das Pferd empfängt beziehungsweise wie es unser Signale entschlüsselt.

Die minimalste Hilfe, die wir mit der Gerte geben können ist, sie sanft, aber fest in die Hand zu nehmen. Die fast unmerkliche Straffung unserer Muskeln und die damit verbundene Anhebung der Gerte wirken als Mahnung. Sie entsprechen einem verstärkten Wunsch. Die Steigerung wäre dann impulsartig die Hand zu schließen. Dies entspricht einer leichten Drohung, also dem „Fragen". Das leichte Wippen und Bewegen der Gertenspitze hingegen ist bereits eine echte Drohung, also eine unmissverständliche Bitte. Bleiben alle Stufen erfolglos, fordern wir schließlich, indem die Gerte impulsartig zum Einsatz kommt.

Lobend können Sie die Gerte einsetzen, nachdem Ihr Pferd das Abstreichen mit der Gerte als wohlwollende Geste kennengelernt hat. In diesem Fall wird sie nun offensichtlich zu unserer verlängerten Hand. Sanft und wohlwollend streichen wir über das Pferd, vermeiden jede schnelle oder gar hektische Bewegung. So gewinnt es Vertrauen in die ruhende Gerte und wird sich bald streicheln lassen. Es lernt so, ausschließlich die impulsartigen Berührungen der Gerte als Rüge oder Aufforderung zu akzeptieren beziehungsweise zu entschlüsseln. Ihr Pferd soll die Gerte respektieren, aber in keinem Fall Angst davor haben. Mit dem korrekten Einsatz der Gerte können Sie nun vom Boden aus Lektionen entwickeln, die Ihnen später unter dem Sattel helfen werden.

WEGE ZUR VORHANDWENDUNG

Aus der Position unmittelbar vor dem Pferd stehend, veranlassen wir das Pferd mit der Hinterhand seitlich zu weichen. Dazu reicht oft ein „Drohen", maximal ein sanftes Touchieren der Hinterhand mit der Gerte. Sobald das Pferd hinten seitlich tritt, setzen die Hilfen aus und Lob setzt ein. Auf beiden Händen, also nach links und rechts, lassen wir das Pferd zur Seite treten immer bedacht mit so wenig wie nötig so viel wie möglich zu erreichen.

Ziel ist es, das Pferd ähnlich eines Uhrzeigers seitlich um uns herum zu bewegen, während wir den Zirkelmittelpunkt darstellen. Dies ist dann in der Fortführung der direkte Weg zur Wendung um die Vorhand.

Während die Aktivierung der Hinterhand relativ leicht erscheint und zeitnahen Erfolg verspricht, sieht es im Gegensatz dazu beim seitlichen Verschieben des Pferdes, zum Beispiel über eine Stange, schon vollkommen anders aus.

Bodenarbeit à la Worker

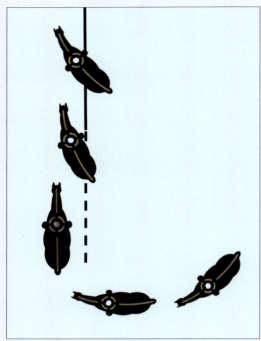

So wirds gemacht: Versetzt anreiten, Kruppeherein, Sidepass über die Stange. (Skizze: Sarah Koller)

WEGE ZUM SIDEPASS

Nun versuchen wir unser Pferd im 90-Grad-Winkel quer zu verschieben, ähnlich einem stark abgestellten Schenkelweichen. Dazu müssen wir parallel zur Hinterhand auch die Vorhand mobilisieren. Hier verlangen wir nun schon ein gehöriges Maß an Körperkoordination und Geschick von unserem Partner Pferd.

Einzelne, wenige Schritte sollten uns zunächst glücklich machen und das sollten wir das Pferd auch wissen lassen.

Dazu berühren wir es mit der Gerte auffordernd in etwa dort, wo wir später mit den Schenkeln diese Bewegung abrufen wollen. Parallel dazu bewegen wir uns auch seitlich mittels Überkreuzen der Beine. So versuchen wir unser Pferd dazu zu motivieren es uns gleichzutun. Den Drang nach vorne vereiteln wir durch unsere frontale Körperposition und behelfsweise durch Einwirkung mit dem Führseil über das Cavecon. Sie können es Ihrem Pferd auch leichter machen, indem Sie den Sidepass zunächst an einer Begrenzung entlang üben. Erst wenn diese Lektion ohne Stange passabel gelingt, gehen wir dazu über, das Seitwärtstreten auch über die Sidepass-Stange mit naturgemäß geringeren Toleranzen zu fordern. Diese Übung verlangt sehr viel Konzentration und kann Stress und Spannungen hervorrufen. Deshalb muss wirklich jeder noch so kleine Schritt in die richtige Richtung überschwänglich gelobt und das Pferd mittels einer kleinen Longiereinlage aus der stressigen Situation „herausgeholt" werden. Ein, zwei Schritte in die richtige Richtung reichen allemal, um ein Innehalten zu fordern, zu loben und dann für Entspannung zu sorgen.

Die Gerte setzen wir wie bei allen Lektionen nur sehr konzentriert ein und versuchen das Pferd möglichst nur mit unserer Körpersprache zu bewegen.

DAS STANGEN-L

Als Nächstes legen wir ein sogenanntes Stangen-L aus, bestehend aus zwei Stangen, die im 90-Grad-Winkel aufeinandertreffen. Um es dem Pferd für den Anfang etwas leichter zu gestalten, legen wir die Stangen für die ersten Versuche nur in einem 45-Grad-

BODENARBEIT

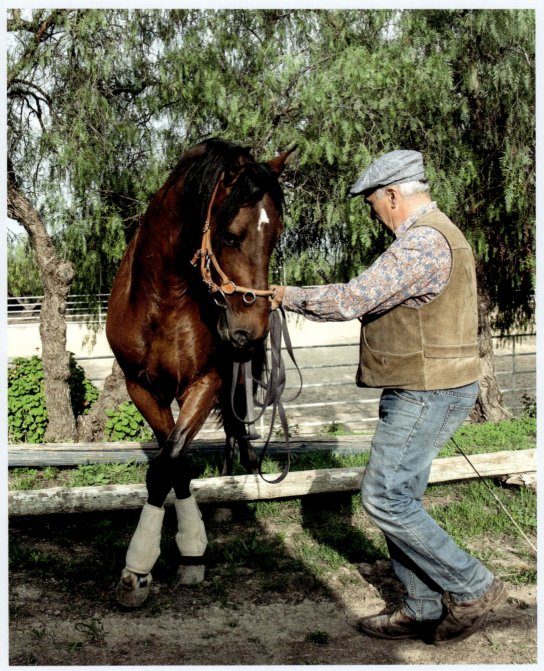

Die ersten Schritte über die Sidepass-Stange erfolgen meist im stark abgestellten Schenkelweichen an der Hand, erst viel später gelingt uns dies im Kruppeherein oder Travers. (Foto: Alison Marburger)

Bodenarbeit à la Worker

Winkel zueinander hin. Jetzt können wir beide Lektionen abrufen, die unser Pferd bereits gelernt hat: Zunächst das seitliche Verschieben über die Stange und dann ähnlich der Hinterhandaktivierung bei der Vorhandwendung das Meistern der Ecke. Schritt für Schritt nähern wir die Stangen dem gewünschten Winkel von 90 Grad an.

Hoch konzentriert verstärken und loben wir zielgerichtetes positives Verhalten, Fehlverhalten ignorieren wir wenn möglich, um das Stresslevel am jeweiligen Hindernis möglichst gering zu halten. Einmal vertieftes und installiertes Stressverhalten zum Beispiel beim Überwinden der Brücke oder einem anderen Hindernis verfolgt uns sonst für lange Zeit. Ein Ausbildungsfehler, der uns unsere mangelhafte Ausbildung deutlich zeigt. Das Kauen mit offenem Maul, aufgezogene Lefzen, übermäßiges Schweifschlagen und nervöses Trippeln sind untrügliche Zeichen hierfür.

DIE BRÜCKE

Das Pferd über die Brücke zu „heizen" schaffen irgendwann fast alle, eine saubere dressurmäßige Bewältigung der Brücke erfordert schon einiges mehr an Können. Der Reiter muss im Galopp bis unmittelbar vor die Brücke reiten, über die Gewichtshilfe auf den Punkt zu einem taktreinen Schritt durchparieren, das Pferd über die Brücke schreiten lassen und anschließend auf den Punkt wieder angaloppieren.

All dies können wir auch während der Auflockerungsphase zwischen den Elementen der Handarbeit erarbeiten. Hier wählen Sie den Zirkelpunkt einfach so, dass die Zirkellinie Ihr Pferd über die Brücke führt. Über Stimme und Gestik, notfalls über einen Impuls am Cavecon, veranlassen wir das Pferd in den Schritt durchzuparieren, loben es ausgiebig dafür, lassen es über die Brücke schreiten und rufen danach wieder den Galopp ab. Meist hat das Pferd bald verstanden, was gewünscht wird. Obwohl Automatismus in der Regel abzulehnen ist, lassen wir unser Pferd gewähren. Später, wenn die Lektion sicher verankert ist, können wir unser Pferd vereinzelt auch im Galopp über die Brücke gehen lassen. Umgekehrt ist es wesentlich schwieriger. Genau dieses Problem begegnet uns immer wieder: Ruhiger, ergiebiger und gelassener Schritt ist oft unmöglich. Er ist jedoch unverzichtbar, wenn es darum geht, einen Parcours erfolgreich zu meistern. Ein Pferd auf den Punkt genau anzugaloppieren ist Können, es aber gelassen am hingegebenen Zügel während einer nervenaufreibenden Prüfung schreiten zu lassen ist eine Kunst.

RÜCKWÄRTSGEHEN

In der Working Equitation verabschieden wir uns vom heute in der klassischen Reitweise praktizierten „Rückwärtsrichten". Für ein weit ausgebildetes Working-Equitation-Pferd ist das Rückwärtsgehen fast so normal wie vorwärtszugehen, auch auf gebogenen Linien und engen Zirkeln.

Dies zeigen wir unserem Partner am besten vom Boden aus. Grundzüge haben wir schon im normalen Umgang erlernt. Schließlich muss das Pferd auch am Putzplatz mal einen oder zwei Schritte zurück machen können. Wenn das Pferd gelernt hat, uns immer auf Schulterhöhe zu folgen, egal wohin und in welche Richtung, gelingt das Anhalten mit direktem zügigem Rückwärtsgehen am besten.

Die Gerte setzen wir wenn nötig vorne auf der Brust ein. Für gebogene Linien begeben wir uns geschmeidig und unaufdringlich in die Position vor das Pferd, ähnlich wie beim seitwärtstreten.

Jetzt verfahren wir genauso wie bei der Vorhandwendung und mobilisieren die Hinterhand wieder vorsichtig mit der Gerte, während wir gleichzeitig das Rückwärts fordern. So veranlassen wir das Pferd, den ersten Bogen rückwärts zu beschreiben. Schon ein paar Schritte genügen, um Ihren Partner ausgiebig zu loben und ins Vorwärts zu entlassen. Spielerisch fordernd zeigen wir unserem Pferd so, dass Rückwärtsgehen keine unliebsame Zwangsmaßnahme, sondern ein ganz normales und gewünschtes Bewegungsmuster ist.

ENGE ZIRKEL IN SCHRITT, TRAB UND GALOPP

Legendär ist die Geschmeidigkeit und Wendigkeit der Pferde in der Working-Equitation-Szene. Diese kommt natürlich nicht ganz von selbst. Ehe wir unserem Pferd Geschmeidigkeit und Wendigkeit unter dem Sattel abverlangen, trainieren wir dies erst einmal vom Boden aus.

Durch die Ausbildung an den Hindernissen ist unser Pferd schon gymnastiziert. Es kennt enge Wendungen und Stopps. Es weiss seine Hinterhand ein- und unterzusetzen, und kurzzeitig Last aufzunehmen.

Falsch wäre es, das Pferd zum Beispiel über eine Verkürzung der Longe auf einen engeren Zirkel zu zwingen. Stattdessen verlagern wir unseren Zirkelmittelpunkt geschickt in Richtung Begrenzung oder Bande, noch besser Richtung Ecke, falls vorhanden. Jetzt wird das Pferd aufgrund der räumlichen Begrenzung angehalten, den Zirkel zumindest an einer Seite zu verkleinern. Lediglich an den offenen Seiten müssen wir eventuell etwas „gegenhalten". Dies geschieht nicht, indem wir das Pferd festzuhalten versuchen, sondern indem wir es mittels Impulsen am Cavecon auffordern, den Zirkelradius auch an der offenen Zirkelseite von selbst einzuhalten. Sobald das Pferd anfängt auffällig mit der Hinterhand nach außen zu driften wissen wir, dass wir zu früh zu viel verlangen. Mit den engen Volten fördern wir nicht nur die Wendigkeit, sondern viel wichtiger die Versammlungsfähigkeit, denn ohne Versammlung werden uns die engen Volten nicht gelingen. Aber Vorsicht, das kostet Kraft, viel Kraft; und wenn sie aufgebraucht ist, wird diese Lektion ins Gegenteilige umschlagen. Dann wird unser Pferd frustriert und verdrossen. Deshalb ist es wichtig, nicht zu viele enge Volten zu fordern und das Pferd zwischendurch immer wieder in eine weniger anstrengende Bewegung zu entlassen. Als Prüfstein gilt auch hier wieder der entspannte, taktreine und ergiebige Schritt im Anschluss.

Im Laufe der Ausbildung sollte es uns gelingen, unser Pferd ohne äußere Begrenzung am lockeren Führseil auf einer Drei- bis Vier-Meter-Volte ganz entspannt galoppieren zu lassen.

(Foto: Alison Marburger)

DAS WORKER-PFERD UNTER DEM SATTEL

Das Ziel der Working Equitation ist heute eine fast vergessene Kunst: Nicht nur Arbeitsreitweisen auf der ganzen Welt, sondern bis vor wenigen Jahrzehnten auch alle Kavallerieeinheiten, pflegten mehr oder weniger gekonnt die einhändige Zügelführung. Anders wäre es nicht möglich gewesen, eine Lanze, ein Schwert oder eine Schusswaffe auf dem Pferd zu führen. Wäre nicht auch Rinderarbeit Teil der Prüfungen, könnte unsere Disziplin ohne Weiteres als Reitprüfung für Offiziere „durchgehen". Auch wenn es uns heute exotisch erscheint, klassische Dressurlektionen einhändig zu reiten, sollten wir uns vor Augen halten, dass die Reitmeisterprüfung bis in die späten 70er-Jahre eine einhändig zu reitende schwere Dressurprüfung beinhaltete.

Wir möchten auch heute in der Working Equitation ein in gefälliger Art und Weise gerittenes Pferd mit „natürlicher Aufrichtung", das sich selbst trägt, Last auf der Hinterhand aufnimmt und alle Lektionen willig und mit Leichtigkeit ausführt. Wir wollen ein Pferd, das uns vertraut, gehorcht und uns seine ganze Kraft und Anmut zur Verfügung stellt. Das Ganze auch noch in vier unterschiedlichen Disziplinen und nicht nur auf dem Reitplatz, sondern auch in anspruchsvollem Gelände – nicht mehr, aber auch nicht weniger.

Doch was tun, wenn Sie nun zum Beispiel aus der Welt der klassischen Dressur, der Barockreiterei oder dem Westernreiten kommen und Ihr Pferd zum Worker umsatteln wollen? Wie unterscheidet sich die Hilfengebung von dem, wie Sie bislang geritten sind und wie machen Sie Ihrem Pferd nun am einfachsten verständlich, was Sie von ihm wollen?

Das Worker-Pferd unter dem Sattel

Die Hilfen

Keine Hilfe im eigentlichen Sinn, sind die halben Paraden (Aufmerksammachen) und dennoch sind sie sehr wichtig.

Das Aufmerksammachen kann viele Facetten haben. So ist es möglich, das Pferd über den Sitz, das Innenbein oder den Zügel sozusagen auf ein kommendes Manöver, einen Richtungs- oder Tempowechsel vorzubereiten. Sie sind Teil der einleitenden, vorbereitenden Hilfen. Ohne halbe Paraden wird feines Reiten nicht möglich sein. Ohne Halbe Paraden nehmen wir unserem Pferd die Möglichkeit, sich selbst auf ein bevorstehendes Vorhaben vorzubereiten. Wenn wir dann quasi aus heiterem Himmel eine Lektion einleiten, überraschen wir unser Pferd. So wird kein Vertrauen aufgebaut sondern Unsicherheit erzeugt.

ZÜGELHILFEN

Unsere Hände, die uns Menschen so viele gute Dienste erweisen, sind im Umgang mit Tieren und besonders mit Pferden oft hinderlich. Wir sind wohl genetisch dazu veranlagt, unsere Hände ständig zu gebrauchen. Diese Disposition müssen wir während des Reitens eingrenzen und eher mit unserem Körper – mittels Sitz und Beckenposition – einwirken. Nur so kann feines Reiten entstehen.

Fertig ausgebildet reagiert das Workerpferd fast ausschließlich auf Weisungen des äußeren Zügels sowie des inneren Beins. Der äußere Zügel ist für die Anlehnung hauptverantwortlich, während der innere Zügel an Bedeutung verliert. Der Außenzügel rahmt das Pferd ein, kontrolliert damit die Vorhand und hält am Hals anliegend Biegung und Stellung aufrecht.

Am Anfang der Ausbildung von Reiter und/oder Pferd sieht das aber natürlich noch ganz anders aus. Die Zügel werden mit beiden Händen geführt und mithilfe des „Türe öffnen" (gemeint ist die ausladende, fast theatralische seitliche Handbewegung unter Mitnahme des inneren Zügels) wird dem Pferd unmissverständlich aufgezeigt, in welche Richtung der Reiter gerne reiten möchte. Gleichzeitig lassen wir schon im frühesten Stadium der Ausbildung den Außenzügel anliegen. Unser Ziel ist es, dass das Pferd bereits auf den Außenzügel reagiert, bevor der Innenzügel das fordert. Wenn wir unserem Pferd nicht die Möglichkeit und Zeit geben, auf den Außenzügel zu reagieren, werden wir für lange Zeit am Innenzügel hängen und nie feststellen, ob wir „so weit" sind. Solange wir mit vorherrschendem inneren Zügel reiten, sind wir Lichtjahre von unserem Ziel entfernt. Also versuchen Sie Ihre Hände so bald wie möglich im Bereich des Widerrists zu platzieren und die Einwirkung über die Zügel auf ein Minimum zu reduzieren.

In einer knetenden Hand- beziehungsweise Faustbewegung werden die Zügel sanft immer wieder angenommen, ohne dass sich die Hände wesentlich von ihrer Position am Widerrist wegbewegen. So sind wir dazu angehalten, weniger intensive Zügelhilfen zu geben. Dies ist der erste Schritt zum Reiten mit feinen Hilfen.

Das Vier-Stufen-Schema, das uns bisher so gut durch die Ausbildung geführt hat, ver-

DIE HILFEN

liert natürlich nicht an Geltung, wenn wir auf dem Pferd sitzen und Zügel in der Hand halten. Im Klartext: Auch jetzt bieten wir wieder höflich, aber konsequent die geringste Hilfe zuerst an.

Mit zunehmender Routine gelingt es uns bald, unsere Zügelhilfen wenn nötig fließend zu intensivieren, jedoch immer darauf bedacht sie unmittelbar einzustellen, sobald das Pferd reagiert.

Die Zügelhilfen können natürlich nicht isoliert betrachtet werden, stehen sie doch immer im Zusammenhang mit der gesamten Hilfengebung.

GEWICHTSHILFEN

Haben Sie schon einmal ein hibbeliges Kind auf den Schultern getragen? In etwa so muss es sich für das Pferd anfühlen, wenn ein Anfänger auf seinem Rücken sitzt. Geübte Reiter setzen ihre Gewichtshilfen virtuos ein und können so auf deutliche Zügel- oder Schenkeleinwirkung verzichten. Die signifikanteste Gewichtshilfe sehen wir beim Slide im Westernreiten: Hier galoppiert das Pferd in vollem Tempo, bis der Reiter etwas im Sattel nach hinten rutscht und sein Gewicht in den Steigbügel verlagert.

Hier ist der Stopp schön über den Sitz herausgeritten, mit sanfter Anlehnung, ohne über den Zügel eine ganze Parade einzufordern. Das Pferd setzt sich gut und wird geschlossen zum Stehen kommen. (Foto: Alison Marburger)

Das Pferd setzt dann unmittelbar zum sogenannten Slide an, und das alles am losen Zügel. Ein spektakuläres Showelement, das erst in zweiter Linie zum Anhalten dient.

Versuchen wir uns also die vier Stufen noch einmal am Beispiel des Anhaltens vor Augen zu führen:

Stufe 1: Wünschen
Die feinste Gewichtshilfe ist eigentlich keine, denn Sie spannen nur Ihre Gesäßmuskulatur an. Innerhalb der Stufe des Wünschens können wir unsere Absicht noch deutlicher machen, indem wir das Gewicht beidseitig in die Steigbügel verlagern. Der Oberkörper bleibt natürlich über dem Schwerpunkt des Pferdes, um es nicht aus dem Gleichgewicht zu bringen. Die Zügel werden kaum merklich angenommen.

Stufe 2: Fragen
Zusätzlich kippen wir nun über das Becken nach hinten ab. Die Einwirkung ist immer noch sehr fein. Das Annehmen der Zügel wird nun impulsartig eingeleitet.

Stufe 3: Bitten
Erst jetzt kommt eine sichtbare Gewichtshilfe zum Einsatz: Wir verschieben unsere Körpermitte nach hinten. Wir verlassen also den Schwerpunkt mit dem Oberkörper. Der Impuls am Zügel wird gehalten bis zum Stillstand. Gehalten, nicht verstärkt!

Stufe 4: Fordern
Schließlich versetzen wir unseren Körper aus der Mittelachse, um unser Gewicht noch weiter hinten im Sattel zu platzieren. Der erste Impuls am Zügel wird moderat verstärkt und gehalten bis zum Stillstand.

Alle Zügelhilfen sind sekundärer Natur und erfolgen nur wenn nötig zeitlich versetzt zur primären Hilfe, der Gewichtshilfe.

Gewichtshilfen haben unzählige Varianten. So gelingt der Übergang vom Galopp zum Trab oder gar in den Schritt vielen guten Reitern lediglich durch ein minimales Verharren des Beckens für einen Bruchteil einer Sekunde. Ohne die Zügel merklich anzunehmen, gelingt ihnen ein perfekter Tempowechsel. Folglich ist ein Anhalten oder Stoppen dann perfekt ausgeführt, wenn der Reiter nur das Becken nach hinten abkippt und das Pferd stoppt und steht, in sich geschlossen und ohne nennenswerte Zügeleinwirkung. So wird das Reiten zum Zeugnis höchster Harmonie.

Gewichtshilfen sind vor allen Dingen in der Grundausbildung eine Art Gentlemen's Agreement, das zuverlässig festlegt, dass der Reiter, wenn er sein Gewicht zum Beispiel nach links verlagert, er auch nach links reiten wird. Wir müssen uns immer unbedingt im Klaren darüber sein, welche Signale, auch Gewichtssignale wir senden. Beherrschen wir diese Art von Körperkontrolle nicht, wird es für unseren Partner unmöglich sich auf uns zu verlassen und wie gewünscht zu reagieren. Er wird bemüht sein, ähnlich wie wir mit einem schwankenden Kind auf den Schultern, unter den Schwerpunkt zu treten, um seine Balance nicht zu verlieren.

Geben wir jedoch unklare Gewichtshilfen zum Beispiel nach rechts, die Zügelhilfe fordert aber die Stellung nach links ein und der Schenkel schlackert unkontrolliert herum, ist Chaos vorprogrammiert. Auf welche Hilfe soll das Pferd dann reagieren?

Ein ruhiger, ausbalancierter und zügelunabhängiger Sitz ist also die Grundvoraussetzung für ein feines Reiten. Gewichts- und Zügelhilfen müssen dabei immer das gleiche Signal geben.

Verlagern wir unser Gewicht zum Beispiel nach rechts, obwohl der Zügel ein Links fordert, wird unser Pferd schnell frustriert und mit zunehmender Intensivierung der Zügel-einwirkung, die dann meist Oberhand gewinnt, geht das mühsam erworbene Vertrauen in unsere Hand und unsere Gewichtshilfen schnell verloren.

SCHENKELHILFEN

Pferde sind von Natur aus sehr sensibel für Berührungen. Sie können sehr genau abschätzen, wo an ihrem Körper eine Fliege sitzt. Kein Wunder also, dass sie auch die kleinste Berührung mit unserem Schenkel sofort wahrnehmen. Wie kann es also sein, dass ein Pferd nach der Ausbildung nicht mehr sensibel auf den Schenkel reagiert? Gehen wir immer nach dem Vier-Stufen-Schema des Wünschens, Fragens, Bittens

„Oldschool Worker Style": Die iberischen Sporen sitzen einzigartig und unverrückbar am Bein.
(Foto. Alison Marburger)

Das Worker-Pferd unter dem Sattel

und Forderns vor, lassen wir es erst gar nicht dazu kommen, dass unser Pferd abstumpft. Wir beginnen immer mit der kleinstmöglichen, unauffälligsten Hilfengebung, um unserem Pferd mitzuteilen, was wir wünschen und geben ihm auch immer die Zeit darauf zu reagieren. Außer den Hilfen mit der Wade und/oder der Ferse sind alle Schenkelhilfen auch immer begleitet von Gewichtshilfen. So ist die feinste Hilfe mit dem Bein auch gleichzeitig eine Gewichtshilfe, gemeint ist die Muskelanspannung im Bein. Auf diese feinen Hilfen konzentrieren wir uns auch in der Grundausbildung. Sobald unser Pferd reagiert, setzen wir die Schenkelhilfe aus. Das heißt nicht, dass wir dann unser Bein vom Pferdebauch weg strecken, jedoch setzen wir sofort den Druck aus. Sehr wohl bleiben wir mit unseren Schenkeln in Hab-Acht-Stellung, um bei nachlassender Aktion wieder einzuwirken, nur um dann bei Gehorsam sofort wieder nachzulassen.

Später, im weiteren Verlauf der Ausbildung, können auch Sporen zum Einsatz kommen, um zentimetergenau einwirken zu können, nicht um sie als Folterinstrument zu nutzen! Wir sehen vor unserem inneren Auge einen Reiter, der sein Pferd bei jedem Schritt die Sporen in den Bauch rammt. Dieses Zeugnis des Unvermögens ist in der Tat widerwärtig, abstoßend und zu verurteilen. Wir werden es besser machen.

Selten nutzen wir sie spontan in besonderen Situationen um das Pferd auf den Punkt zu beschleunigen oder Biegung abzurufen. Am Anfang der Ausbildung und in den normalen Grundgangarten nebst den gebogenen Lektionen brauchen wir keine Sporen.

Wer nicht gelernt hat, sein Pferd über den Sitz im Takt im Tempo zu halten, wird es durch den Sporen auch nicht lernen und begibt sich auf den Weg, sein Pferd zum Reitsklaven zu degradieren. Der Einsatz von Sporen setzt voraus, dass der Reiter seinen Körper und vor allen Dingen seine Beine unter Kontrolle hat. Es kann nicht schaden, sich eine zweite Person zur Unterstützung zu holen, die uns beobachtet und mitteilt, wann und wo wir das Pferd mit den Sporen berühren. So schulen wir unsere Sensibilität und können die Sporen als sinnvolle Hilfe neben anderen einsetzen. Mit etwas Feingefühl und Konzentration, sowie einem auf den Pferderumpf, die eigene Beinlänge und die Eigenheiten des Reiters abgestimmten Sporen, können wir sensibelste Hilfen fein dosiert geben und sind in der Lage diese milimetergenau zu plazieren.

Das tägliche Training

Die Skala der Ausbildung, der heilige Gral der Reiterei, ist auch für den Worker ein wichtiger Leitfaden. Sie zeigt das Ideal der Ausbildung auf. Doch was heißt ideal? Während manche Reiter die Stufen der Skala beinhart und unerbittlich durchziehen, scheinen andere sich hinter der Ausbildungsskala zu verstecken. „Das Pferd ist einfach noch nicht so weit", obwohl es schon seit Ewigkeiten unter dem Sattel ist. Statt auch nur einen Ansatz von Lastaufnahme zu zeigen, trappelt es offensichtlich mühevoll über den Reitplatz. Auch die wöchentlich im Wechsel stattfindenden erfolgreichen Behandlungen

DAS TÄGLICHE TRAINING

von Ostheopat und Physiotherapeut brachten bisher keinen reiterlich abrufbaren Erfolg. Während selbiger Reiter mit wissender Miene und erhobenem Finger schulmeisterlich die Skala der Ausbildung zitiert und der Rest der Stallgemeinschafft ehrfurchtsvoll zustimmend nickt, wird ein anderer Reiter kritisch beäugt. Und zwar jener, der schon einmal dabei erwischt wurde, wie er mit seinem fünfjährigen Pferd acht Minuten am Stück galoppiert ist. Der, der sich redlich bemüht, sein temperamentvolles Jungpferd sinnvoll zu gymnastizieren. Manche Übungen klappen schon ganz gut, andere eher weniger. Er steht im Generalverdacht unreell zu reiten und auszubilden. Außerdem brachte er sein Pferd schon wiederholt zum Schwitzen ... verkehrte Welt! Also, die Skala der Ausbildung bleibt unser roter Faden, den wir aber zwischendurch, wenn auch nur phasenweise, etwas großzügiger auslegen dürfen, als es die klassische Lehre tut, als die klassische Lehre dies im Ideal vorschreibt.

Der erste signifikante Unterschied zur üblichen Vorgehensweise besteht darin, dass wir Worker relativ früh auch mit dem Reiten von gebogenen Lektionen beginnen. Der zweite Unterschied ist das Ziel am Ende der Ausbildung: Wir wollen dann alle Dressurlektionen und noch vieles mehr einhändig reiten können.

Wie bei den Reitern aller anderen Reitweisen steht auch zu Beginn unseres Trainings die Lösungsphase auf dem Programm. Oft belächelt, weil falsch ausgeführt, beschleicht viele Reiter das Gefühl, Zeit zu vergeuden oder zu verlieren. Dabei haben wir in der Lösungsphase so viele Möglich-

Die Lösungsphase lässt sich auch wunderbar ins Freie verlegen. (Foto: Alison Marburger)

keiten unser Pferd auszubilden und zu gymnastizieren. Ausgiebiges und ergiebiges Schrittreiten bei möglichst hingegebenen Zügel ist die wohl beste Art unser Pferd aufzuwärmen. Ein lockerer Trab kann auch nicht schaden und wird gerne angenommen. Wir versuchen schon hier eine positive Stimmung zu erzielen und erkennen bald, wie unser Partner heute drauf ist. Fortwährendes Reiten in Dehnungshaltung hat nichts mit Lösung zu tun. In der Lösungsphase dürfen wir bereits kleinere Lektionen locker abfragen: Schenkelweichen, Viereck verkleinern und vergrößern, eine Zehn-Meter-Volte oder ein locker durchgesprungener Galopp helfen Muskeln und Glieder zu

Das Worker-Pferd unter dem Sattel

Schritt am langen Zügel – unmittelbar nach einer Speedeinlage gezeigt, ist er wahrlich eine Kunst. So ergiebig, taktrein und fleißig ist der Schritt gewünscht. (Foto: Alison Marburger)

lockern. Ganz hervorragend lassen sich auch Übergänge zwischen den verschiedenen Schritttempi sowie Trab-Schritt-Übergänge in die Lösungsphase einbauen. So ist die Lösungsphase garantiert keine verlorene Zeit. Wir beobachten die Atmung und gestatten dem Pferd auch immer wieder, sich dem nachgebenden Zügel in Dehnungshaltung hinzugeben. Ein zwanzigminütiges „über den Reitplatz schleichen" mit hängendem Kopf ist keine Lösungsphase. Auch schon während des Lösens stelle ich meinem Pferd Aufgaben, die in schnellerer Abfolge wechseln. Besonders für ein Worker-Pferd ist es wichtig, flexibel zu sein. Kurze Einheiten, aber nicht eilig ausgeführt, bilden dann auch das mentale Warm-up.

Nach circa 20 bis 30 Minuten haben wir unser Pferd so weit aufgewärmt, dass die Gelenke ausreichend mit Nährstoffen versorgt sind und die Muskulatur gelockert ist. Es kann also losgehen. Ausgehend von einer Trainingseinheit von circa 60 Minuten verbleiben uns 20 bis 30 Minuten Kernzeit plus zehn bis 15 Minuten zum Cool-down. In der Kernzeit können wir Lektionen vertiefen, ganz allgemein ausbilden oder ein neues Thema anschneiden. Der taktische Aufbau einer Reiteinheit ist mir dabei ungemein wichtig.

Ungeliebtes, Heikles und auch Neues schiebe ich nicht nach hinten, sondern beginne die Kernzeit damit. Das ist aus zwei Gründen sinnvoll: Wenn es gut läuft, kann ich die Übung mehrmals wiederholen und vertiefen. Wenn die Lektion nicht klappt und es zu Meinungsverschiedenheiten oder Stress kommt, bleibt mir noch genug Zeit, mein Pferd wieder zu beruhigen und das Training mit positiver Stimmung zu beenden. Denn eines muss vermieden werden: die Trainingseinheit mit einem schlechten Gefühl abzuschließen.

Das letzte Drittel der Kernzeit behalte ich mir für die Übungen vor, die zu 100 Prozent klappen und dem Pferd Spaß machen. In den letzten 20 Minuten inklusive des Ausklingens scheint nur die Sonne. Alles ist gut und Ross und Reiter freuen sich schon auf die nächste Stunde.

Es gibt keine Reitfigur oder Lektion aus der klassischen Reitlehre, die überflüssig für einen Worker wäre. Dazu kommen aber noch einige Aufgaben aus den Arbeitsreitweisen wie ein Stopp auf der Hinterhand, eine gesprungene Hinterhandwendung aus Schritt und Galopp sowie der Voll-Sidepass und Galoppvolten mit sechs Metern Durchmesser oder weniger. Die Grundübungen der Dressur wie Übertreten, Schenkelweichen und Schultervor sind auch Grundvoraussetzung für die weitere Ausbildung eines Working-Equitation-Pferdes. Ein frisches Vorwärts in allen Gangarten und aus allen Lektionen heraus wird neben der Dehnungshaltung unser Prüfstein sein. Reiten mit „angezogener Handbremse" ist für einen Worker nicht zu empfehlen.

Einige Schlüssellektionen, die ich als besonders relevant erachte und deren Einleitung und Ausführung maßgeblich den weiteren Ausbildungsweg beeinflussen, möchte ich Ihnen vorstellen. Einige Beschreibungen werden bewusst einfach und für jeden Einsteiger nachvollziehbar gehalten. Diese Vereinfachungen machen natürlich angreifbar, denn jede Lektion lässt sich in all ihren Einzelheiten und unter Berücksichtigung von Biomechanik, Fehlern und Auswirkungen deutlich ausführlicher beschreiben. Beschränken wir uns hier jedoch auf die wesentlichsten Aspekte.

ANHALTEN – STOPPEN – RÜCKWÄRTSTRETEN

In der Bodenarbeit gut vorbereitet, wird es uns auch im Sattel leichtfallen, unser Pferd mit Stimmkommando anzuhalten. Gleichzeitig fangen wir nun auch an, das Pferd über den Sitz beziehungsweise das Becken, Bein und Zügel anzuhalten. Der Fokus liegt dabei auf der Gewichtshilfe. Bald rufen wir im Anschluss an das Anhalten einige Tritte rückwärts ab und verkürzen dann nach und nach die Standzeit zwischen dem Anhalten und dem Rückwärtstreten. Je kürzer die Standzeit ist, desto näher sind wir dem Stopp. Der Stopp ist ein akzentuiertes, betontes Anhalten mit abgesenkter Kruppe und einer stark untergreifenden Hinterhand. Wenn das Pferd beim Anhalten schon an das Rückwärtstreten denkt, erzielen wir das Stoppen mit Leichtigkeit ohne große Zügeleinwirkung.

In der Folge entwickeln wir daraus die Schaukel: Stopp – Rückwärts – Stopp – Vor-

Das Worker-Pferd unter dem Sattel

wärts – Stopp – Rückwärts und so weiter. Anfangs belassen wir es bei drei bis vier Schritten vorwärts und nur ein bis zwei Schritten rückwärts. Wie immer sollten Sie jede Bemühung Ihres Pferdes und jeden noch so kleinen Schritt in die richtige Richtung ausgiebig loben.

REITEN IN KONTERSTELLUNG

Hier erfährt das Pferd erstmals, dass es sich auch unter dem Sattel nicht ausschließlich in die Richtung bewegt, in die es blickt. Dies ist nichts Besonderes, da wir es ja schon häufig beim freien Longieren gesehen haben. Unter dem Reiter jedoch wird es nun zu einer Aufgabe. Eine minimale Zügelhilfe des nun neuen inneren Zügels sollte ausreichen, um das Pferd zu stellen, ohne es jedoch zu biegen. Unterstützend wirkt hier bereits das neue innere Bein und der äußere Zügel, der die leichte Abstellung zulässt, ohne die Verbindung zum Pferdemaul zu verlieren. Wir können unser Pferd in Außen- oder Innenstellung bewegen, nicht nur auf der Geraden, sondern bei etwas Geschick auch auf gebogener Linie. Dabei dürfen Sie die Schulterkontrolle nicht verlieren. Das Pferd darf also weder die Vorhand nach innen schieben noch nach außen wegdriften. Abwechselnd in Innenstellung und in Konterstellung zu reiten, erhöht die Aufmerksamkeit und den Gehorsam des Pferdes. Wichtig ist es, Ihr Pferd zwischendurch auch immer wieder geradezurichten. Diese Übung können Sie auch wunderbar in die Lösungsphase einbauen, vor allem im Schritt und Trab.

VORHANDWENDUNG

Auch diese Übung kennt unser Pferd schon von der Bodenarbeit. Jetzt werden wir sie vom Sattel aus abrufen. Zu Beginn machen wir es unserem Pferd so einfach wie möglich und halten mit etwas Abstand parallel zur Bande oder dem Reitplatzzaun an. Das Pferd wird nun leicht zur Bande hin, also nach außen gestellt und unser äußerer Schenkel liegt kurz hinter dem Sattelgurt und treibt die Hinterhand des Pferdes von der Bande weg. Zunächst werden wir uns mit jedem Schritt zufriedengeben und loben ist es doch das erste Mal, dass wir den sogenannten Schenkelgehorsam abfragen. Eine immens wichtige Aufgabe, denn hier und jetzt entscheidet sich, wie unser Pferd den Schenkel akzeptiert und damit umgeht. Ein Ausweichen nach vorne wird durch die Bande verhindert, dennoch soll die Vorhand nicht statisch bleiben. Später wird diese Übung fließend aus dem Schritt geritten und die Vorhand beschreibt dabei einen kleinen Kreis, während die Hinterhand darum zirkelt. Lassen Sie sich nicht verunsichern, wenn die Vorhandwendung zu Beginn noch sehr staksig und „klemmig" aussieht und sich auch so anfühlt. Bestätigen Sie jeden richtigen Schritt gefühlvoll und Ihr Pferd wird bald wissen, was Sie von ihm verlangen. Sobald es hinten seitlich tritt, müssen Sie den Schenkeldruck sofort aussetzen. Der Schenkel bleibt dann verwahrend an Ort und Stelle liegen, ohne weiteren Druck auszuüben. Wir bestätigen also die richtige Bewegung durch ein Aussetzen der Hilfe. Merken Sie sich, an welchem Punkt Sie den Schenkeldruck ausüben, damit Ihr Pferd beim nächsten Mal durch den Druck an der exakt selben Stelle eine Verbindung zum bereits Gelernten herstellen kann. Erst im weiteren Verlauf der Ausbildung wird die Schenkelhilfe feiner und nahezu unsichtbar.

Der hier erlernte Umgang mit dem Schenkel, der Wade oder den Sporen begleitet uns für den Rest unserer Beziehung. Denn diesen Gehorsam am Bein benötigen wir in der Folge bei vielen Lektionen. Erst wenn wir unseren Schenkel am Pferdeleib sanft und mühelos zurückgleiten lassen und eine Reaktion der Hinterhand über den Rücken spüren, sind wir auf dem richtigen Weg. Wir wünschen und unser Pferd erfüllt es.

SCHULTERHEREIN

Das ist der Seitengang, den wir als Erstes erreichen wollen im Schritt, Trab und viel später auch im Galopp. Der berühmte Reitmeister Nuno Oliveira nannte es „das Aspirin der Reiterei", da es alles heile.

Das Schulterherein ist eine komplexe Lektion, die nur scheinbar einfach zu reiten ist. Betrachten wir zunächst, wie es im Ideal aussehen sollte: Über eine kaum wahrnehmbare Parade bereiten wir das Pferd vor, das Gewicht haben wir bereits nach innen verlagert. Das Pferd wird um unseren inneren Schenkel gebogen, während der äußere Schenkel verwahrend eine Handbreit hinter dem Sattelgurt liegt. Der äußere, am Hals anliegende Zügel lässt diese Biegung zu. Die gesamte Einwirkung mit der Hand beschränkt sich auf das Aufstellen beziehungsweise ein Rotieren des Handgelenkes, mehr nicht. Während das Pferd sich um unser inneres Bein schmiegt, bleibt die Hinterhand in der Spur, also auf dem Hufschlag. Die Vorhand wird leicht nach innen versetzt und die leichte Biegung setzt sich im Hals fort. Das Pferd tritt nun mit dem inneren Hinterbein unter seinen Schwerpunkt.

Soweit unser Traum, den wir auf drei, aber auch, wenn gefordert, auf vier Hufschlägen ausführen können.

Mit dieser Lektion fordern wir unser Pferd erstmalig dazu auf, mit dem inneren Hinterbein einseitig mehr Last aufzunehmen, da es bei richtiger Ausführung automatisch unter den Schwerpunkt treten wird.

Schulterherein auf drei Hufschlägen.
Das Pferd ist zur Gänze leicht gebogen.
(Foto: Alison Marburger)

Das Worker-Pferd unter dem Sattel

Wenn Pferd und Reiter die Seitengänge beherrschen, können Sie auch Teil des Reitens mit der Garrocha werden. (Foto: Alison Marburger)

Darüber hinaus möchten wir, dass sich unser Pferd biegt, als wäre es auf einem großen Zirkel, während es aber trotzdem geradeaus läuft. So langsam wird es anstrengend für Reiter und Pferd.

Unseren Traum vor dem inneren Auge, beginnen wir uns nun mit unserem Greenhorn diesem Ziel zu nähern.

Das Pferd hat durch das Reiten in Innen- und Außenstellung bereits gelernt, dem Zügel zu folgen. Es ist auch mit unseren Schenkel- und Gewichtshilfen vertraut und achtet sensibel auf uns. Am besten leiten Sie das erste Schulterherein wie folgt ein: Sie reiten auf einem großen Zirkel. Bevor Sie den Hufschlag an der offenen Zirkelseite zum Abwenden verlassen, „schieben" Sie Ihr Pferd mit den bereits beschriebenen Hilfen weiter an der Bande entlang. Stellung und Biegung müssen wir in diesem Fall nicht explizit erarbeiten, da sie durch die gebogene Linie des Zirkels im korrekten Fall schon gegeben waren. Wir versuchen also lediglich über unser Becken und den inneren Schenkel ein paar Schritte im Schulterherein „herauszukitzeln". Die Einwirkung der Zügel bleibt dieselbe wie auch beim Reiten auf dem Zirkel. Haben wir ein oder zwei Schritte im Seitwärts erreicht, wenden wir auf den Zirkel ab und loben unser Pferd, bleiben aber nicht stehen. Vielen Pferden fällt das Schulterherein im Trab leichter als im Schritt. Wenn der Reiter geschickt genug ist, spricht auch nichts dagegen. Im Schritt werden die ersten Versuche sich wieder etwas staksig anfühlen, doch lassen Sie sich davon nicht entmutigen. Es macht Sinn, die Anlehnung an die Bande eine Weile beizubehalten, bevor Sie versuchen, die Lektion aus dem Zirkel heraus ohne Anlehnung abzurufen. Gelingt dies, ist der halbe Weg schon geschafft.

Als Nächstes kann der Schwierigkeitsgrad etwas erhöht werden und wir versuchen, das Schulterherein aus der Geraden heraus zu entwickeln. Dazu bedienen wir uns wieder anfänglich des „Zirkeltricks". Wir reiten an der langen Seite auf dem Hufschlag und geben vor eine Volte einzuleiten. Bevor das Pferd jedoch abwenden kann, „schieben" wir es wieder für einige wenige Tritte im Schulterherein an der Bande entlang. In dieser Lernphase ist immer noch der innere Zügel der Dominierende – Zeit, dies zu ändern. Wir lassen unser Pferd quasi gegen den äußeren Zügel laufen und verfeinern die Anlehnung innen. Zunächst für Bruchteile, später für Sekunden, lösen wir uns vom bestimmenden inneren Zügel und erhalten außen mehr Anlehnung ohne sie innen völlig aufzugeben.

Dies ist ein wichtiger Moment in der Ausbildung. Denn obwohl wir noch lange auf Trense zweihändig reiten werden, beginnen wir im Schulterherein so zu tun als hätten wir nur eine Hand. Das heißt beide Hände befinden sich in etwa am Widerrist und werden eng beisammengehalten. Falls die innere Hand mithelfen muss, geschieht dies impulsartig mittels knetender Bewegung der Finger, ähnlich dem Ausdrücken eines Schwamms, ohne die Anlehnung ganz zu verlieren.

Wir reiten das Schulterherein nun über Gewichtshilfen, den äußeren Zügel und den treibenden inneren Schenkel. Befindet sich unser Pferd dann im Schulterherein, nimmt der Druck des fordernden inneren Schenkels natürlich ab und bestätigt das Pferd dadurch in dem, was es tut. Der äußere Schenkel liegt immer verwahrend und begrenzend hinter dem Gurt.

Alsbald werden wir in der Lage sein, das Schulterherein auch ohne die Unterstützung einer Begrenzung und relativ flott einzuleiten sowie auch in kurzen Reprisen wiederholend zu reiten. Allerdings beschränken wir uns erst einmal weiterhin auf ein Schulterherein in Schritt und Trab. Ein Schulterherein im Galopp stellt wieder neue Anforderungen an Reiter und Pferd und damit wollen wir unser Greenhorn zu diesem Zeitpunkt nicht überfordern.

Haben wir das Schulterherein auf gerader Linie ausreichend gefestigt, ist es nur noch ein kleiner Schritt, dies auch auf gebogenen Linien und Zirkeln zu reiten. Zur besseren Orientierung und um unserem Pferd die Möglichkeit des Mogelns zu nehmen, stecken wir uns einen Zirkel ab oder markieren ihn anderweitig. Ihr Pferd wird immer mal wieder versuchen, mit der Hinterhand oder über die Vorhand auszuweichen, um nicht unter den Schwerpunkt treten zu müssen. Auf dem Zirkel ist dies noch schwieriger zu kontrollieren. Durch den klar definierten Zirkel schaffen wir uns eine unschätzbare Hilfe. Immer wieder müssen wir unsere Position überprüfen und hoch konzentriert beibehalten. Besonders auf dem Zirkel ernten wir dann die Früchte unserer bisherigen Ausbildungsarbeit.

KRUPPEHEREIN/TRAVERS

Wie der Name schon vermuten lässt, ist das Kruppeherein dem Schulterherein nicht unähnlich. Nur bleibt bei dieser Lektion die Vorhand auf dem Hufschlag und die Hinterhand wird nach innen versetzt. Eine meist stärker gebogene Lektion mit Tücken. Genauer definiert heißt nur die auf drei Hufschlägen gerittene Lektion Kruppeherein, während sie auf vier Hufschlägen ausgeführt von manchen Autoren als Travers bezeichnet wird. In der Regel sehen wir sie auf vier Hufschlägen und spektakulär im Galopp über die Sidepass-Stange ausgeführt.

Hilfen, Vorbereitung und die Einleitung über den Zirkel funktionieren ebenso wie beim Schulterherein, nur auf die Hinterhand bezogen. Auch die Handhabung der Zügel ist im Prinzip die gleiche. Wir legen unser Augenmerk wieder vermehrt auf den äußeren Zügel und reiten nicht länger als nötig am inneren Zügel.

Wir reiten wieder auf einen Zirkel, haben das Pferd also gestellt und gebogen. Nun greifen wir ein, bevor unser Pferd den Hufschlag mit der Hinterhand erreicht und versuchen es mit dem hinten liegenden äußeren Schenkel entlang der Bande zu „schieben". Dabei bleibt die Vorhand auf dem Hufschlag und die Hinterhand fußt durch die Biegung bedingt auf dem zweiten Hufschlag. Nun sind unser inneres Bein sowie der äußere Zügel für die Biegung und Stellung verantwortlich, während unser Becken und der äußere Schenkel die Richtung vorgeben.

Besonders im Schritt und Trab auf dem Zirkel geritten, ergeben sich interessante Variationen aus Schulterherein und Kruppeherein im Wechsel. Dies fördert vor allem beim Reiter die Motorik und Koordination der Hilfen und beim Pferd Durchlässigkeit sowie Konzentration und mobilisiert die Lende. Dennoch ist das Kruppeherein für die Gymnastizierung des Pferdes nicht so wertvoll wie das Schulterherein. Vor allen Dingen im Galopp bieten viele Pferde es von Natur aus an und unerfahrene Reiter sind in Versuchung, dies gerne anzunehmen. Wird das Kruppeherein nicht penibel auf nur drei Hufschlägen geritten, gelingt es vielen Pferden im Galopp sozusagen am Schwerpunkt vorbeizuspringen und sich extrem zu biegen. Dies scheint wohl auch angenehmer und wesentlich weniger kräftezehrend zu sein als zum Beispiel das Galoppieren im Schulterherein. Die exakte Hilfengebung für das Kruppeherein und genauste Kontrolle sind sehr wichtig, damit es vom Pferd beim Erlernen von Traversalen und Galoppwechseln in der späteren Ausbildung nicht ungefragt angeboten wird.

KONTERSCHULTERHEREIN

Das Konterschulterherein ist quasi spiegelverkehrt zum Schulterherein. Wir befinden uns auf dem zweiten Hufschlag, stellen und biegen unser Pferd nach außen in Richtung Bande. Die Vorhand erreicht fast den ersten

DAS TÄGLICHE TRAINING

Kruppeherein beziehungsweise Travers auf vier Hufschlägen.
Es kann auch auf drei Hufschlägen geritten werden. (Foto: Alison Marburger)

Hufschlag, während das Pferd seitwärts tritt. Wir beginnen also damit, das Pferd auf der Geraden mittels halber Parade aufmerksam zu machen und in Außenstellung zu bringen.

Der zur Bande zeigende Schenkel wird zum inneren Schenkel und leitet zusammen mit dem zum Innenraum zeigenden, nun äußeren Zügel die Biegung ein. Das nach innen zeigende, nun äußere Bein liegt verwahrend hinter dem Gurt und verhindert ein Ausbrechen der Hinterhand. Da in dieser Lektion die Bewegungsenergie tendenziell in Richtung der Bande gelenkt wird, können und sollten wir besonders schonend mit unseren Hilfen einwirken.

Die Lektion lässt sich nicht über einen Zirkel oder eine andere Hufschlagfigur einleiten, sondern muss sorgfältig erarbeitet werden. Dabei ist besonders, die Gefahr gegeben, dass unser Pferd sich über die äußere Schulter entzieht, ist sie doch in Bewegungsrichtung positioniert. Dies verhindern wir, indem wir den neuen äußeren Zügel zur Begrenzung nutzen.

Es gibt es eine Vielzahl von Kombinationsmöglichkeiten, die uns mit der korrekten Ausführung der Seitengänge zur Verfügung stehen und uns helfen, unser Pferd zu einem flexiblen und den Hilfen willig nachkommenden Partner auszubilden.

Das Worker-Pferd unter dem Sattel

RENVERS

Das Renvers wird spiegelbildlich zum Kruppeherein geritten und auf freier oder gerader Linie sind sie nicht zu unterscheiden. Nur an der Begrenzung oder auf gebogenen Linien wird der Unterschied erkennbar.

Beim Renvers bleibt die Hinterhand auf dem Hufschlag und die Vorhand wird so weit nach innen versetzt, bis das Pferd sich auf drei oder vier Hufschlaglinien bewegt. Dabei ist es in Bewegungsrichtung gestellt und gebogen. Die Einleitung lässt sich auch hier nicht über einen Zirkel erleichtern. Es gibt zwei Möglichkeiten, das Renvers zu erreichen: Sie reiten auf dem zweiten Hufschlag und lassen die Hinterhand mithilfe Ihres nach innen weisenden, aber nun äußeren Schenkels Richtung Hufschlag weichen. Der innere Schenkel liegt an und bestimmt die Biegung zusammen mit dem äußeren Zügel. Oder aber Sie wählen den meines Erachtens für die weitere Ausbildung sinnvolleren Weg und leiten auf dem ersten Hufschlag reitend die Außenstellung ein. Über Gewichts- und Schenkelhilfen führen Sie die Vorhand dann mit Unterstützung der Zügelhilfen nach Innen. Der zur Bande zeigende Schenkel wird zum inneren treibenden Schenkel und erhält gemeinsam mit dem zum Bahninneren weisenden äußeren Zügel die Biegung.

TRAVERSALEN

Traversalen sind vorwärts-seitwärts ausgeführte Bewegungen auf einer diagonalen Linie. Unser Pferd bewegt sich in einer Art Parallelverschiebung. Es ist in Bewegungsrichtung gestellt und gebogen und Vorder- und Hinterbeine kreuzen. Es gibt halbe, ganze und Zick-Zack-Traversalen im versammelten Trab, Schritt oder Galopp.

Die verschiedenen Schwierigkeitsgrade entstehen durch die Steilheit der Diagonalen und das Umstellen zwischen den verschiedenen Traversalen. Anfänglich ist dies keine allzu schwere Aufgabe, da das Pferd mit der Beinfolge bei den Seitengängen bereits vertraut ist. Wenn unser Anspruch an die Ausführung jedoch steigt, kann uns diese Lektion Kopfzerbrechen bereiten. Schließlich ist das Ziel, den Raumgriff der Tritte oder Galoppsprünge trotz sich deutlich kreuzender Beine beizubehalten.

Häufig wird die Traversale in einem Atemzug mit Travers oder dem Kruppeherein genannt. Das kann ich nicht nachvollziehen und schon gar nicht empfehlen. Leiten wir eine Traversale aus dem Travers oder dem Kruppeherein ein, haben wir bereits in der Einleitung eine das Pferd überholende Hinterhand, und das ist grundlegend falsch. Ziel ist es, dass die Vorhand leicht vorausgeht, nur so entsteht ein geschmeidiger Bewegungsablauf auf der Diagonalen.

Die schönsten Diagonalverschiebungen erarbeiten wir aus dem Schulterherein. Hierbei befindet sich die Vorhand bereits in Idealposition und die Hinterhand ist nicht voraus. Anderweitig müssten Sie erst wieder die Hinterhand abfangen, um eine ansprechende, „gerade" Traversale zu reiten.

Aus dem Schulterherein führen Sie Ihr Pferd über den bereits bestens bekannten Außenzügel und den äußeren Schenkel in die Diagonalverschiebung, während Ihr inne-

DAS TÄGLICHE TRAINING

Eine Traversale kann auch einmal zielgenau über eine Pylone hinweg geritten werden. Stellen Sie Ihrem Pferd und sich selbst immer wieder neue Aufgaben. Das wird das Zusammenspiel fördern und ihre Beziehung vertiefen. (Foto: Alison Marburger)

res Bein dazu beiträgt, die Biegung beizubehalten. Ein zusätzlicher Vorteil ist, dass wir im Schulterherein bereits unsere Gewichtshilfe in der richtigen Form einsetzen und nun quasi nur noch für die seitwärtsweisende Diagonalbewegung sorgen müssen. Wenn unser Pferd sich wunschgemäß parallel diagonal verschiebt, lässt der Druck unseres treibenden Schenkels nach und wir versuchen nur über unser Gewicht und den äußeren Zügel zu reiten. Der äußere Schenkel bleibt lediglich in Hab-Acht-Stellung. Nur wenn die Hinterhand nicht mehr aktiv mitgeht, kommt er wieder zum Einsatz.

Eine Traversale führt nicht zwangsläufig von einer in eine andere Ecke des Reitplatzes. Anfänglich begnügen wir uns damit, das Pferd zwei oder drei Meter ins Bahninnere zu traversieren und reiten dann auf dem vierten oder fünften Hufschlag weiter geradeaus an der langen Seite entlang. Wir teilen uns mit etwas Geschick die Wege so ein, dass es uns auch möglich ist, wieder zurück zum Hufschlag, dann in die andere Richtung traversierend, zu kommen. Zwischen den beiden Diagonalverschiebungen müssen vor allem am Anfang etliche Meter liegen, um das Pferd wieder geradezustellen, ein Schulterherein zu fordern und dann erst die Seitwärtsbewegung, sprich Traversale, einzuleiten.

Seitlich treibende Schenkelhilfen sind im deutschsprachigen Raum verpönt beziehungsweise nach der klassischen Reitlehre nicht existent. Dennoch begegnen sie uns immer wieder. Der Working-Equitation-Reiter benötigt einen aktiv mitarbeitenden Außenschenkel, denn spätestens beim Sidepass über die Stange gibt es kein Vorwärts mehr, sondern nur seitwärts. Auch in der Rinderarbeit gibt es Situationen, in denen sich das Pferd mit möglichst wenig Vorwärtstendenz seitlich in allen Gangarten bewegen können sollte.

KURZKEHRT, HINTERHANDWENDUNG, SCHRITTPIROUETTE

Hierbei soll das Pferd auf der beziehungsweise über die Hinterhand wenden, sodass die Vorhand einen wesentlich größeren Radius beschreibt als die fleißig mittretende Hinterhand. Das Pferd ist dabei in Bewegungsrichtung gestellt und gebogen.

Oft abgeleitet aus dem Kruppeherein auf dem Zirkel wird dieser Radius schrittweise so verkleinert, bis man von einer pirouettenartigen Schrittfolge sprechen kann. Auch hier bevorzuge ich zumindest später die Einleitung über das Schulterherein, da anderenfalls die Kruppe wieder vorausgeht. Zunächst reiten wir nicht mit dem Gedanken an eine möglichst kleine Kurzkehrt oder Pirouette, sondern reiten kleine Zirkel im Kruppeherein, die wir langsam verkleinern. Das Wichtigste ist neben dem Radius der Takt und der Fleiß. Fangen wir zu früh mit zu eng angelegten Manövern an, kommt es zu Taktfehlern, die die Lektion mangelhaft erscheinen lassen. Maßgeblich sind hier wieder unser inneres treibendes Bein, um das das Pferd sich biegt und der äußere Zügel. Die halbe Pirouette entspricht dem Kurzkehrt und der Hinterhandwendung. In der weiteren Ausbildung wird daraus die gesprungene Hinterhandwendung, die Media Vuelta, entwickelt.

Zirkel im Kruppeherein – dies ist eine Schlüssellektion auf dem Weg hin zu Pirouetten, Kurzkehrt und Hinterhandwendungen. (Foto: Alison Marburger)

(Foto: Alison Marburger)

WORKING EQUITATION FÜR ZUHAUSE

Wenn Sie Ihr Pferd auf dem heimatlichen Reitplatz ausbilden, macht es keinen Sinn heute Dressur und morgen Stiltrail beziehungsweise Speedtrail zu trainieren. Wann immer möglich mischen Sie die Aufgaben. Es fördert das Zusammenspiel zwischen Ihnen und Ihrem Pferd, wenn Sie während einer Dressureinheit auch mal ordentlich Gas geben und ein, zwei enge, versammelte Zirkel dazwischen abfragen. So lernen Sie abzuschätzen wie Ihr Pferd reagiert, wie lange es braucht um wieder „runter" zu kommen. Nebenbei bleibt es wach und aufmerksam und verfällt nicht in ein „Konzentrationskoma".

Genauso verhält es sich mit den Trailaufgaben. Bauen Sie immer wieder ein oder zwei Hindernisse ins tägliche Training ein und sei es nur, dass Sie zum Beispiel kleine Kunststoffbälle oder eine Sidepass-Stange statt Pylonen zur Markierung nehmen. So fordern Sie Ihren Partner zur Konzentration auf und das Training bleibt für Sie beide abwechslungsreich.

Bemerken sie bei Ihrem Pferd Widerstände oder Erregung beziehungsweise Angst, werden Sie auf keinen Fall ungeduldig. Beharren Sie nicht auf der Bewältigung eines Hindernisses, frei nach dem Motto „Da muss er jetzt durch!". Analysieren Sie lieber erst einmal die Ursache des Problems, die womöglich bei Ihnen liegt, und umgehen Sie das Problem erst einmal für ein paar Tage. Dann können Sie sich erneut positiv gestimmt und trickreich dem ursprünglichen Problem beziehungsweise Hindernis nähern. Dieses Vorgehen bezieht sich nicht nur auf Trailhindernisse, sondern schließt auch die gymnastizierenden Aufgaben ein.

Working Equitation für Zuhause

Dressurarbeit außerhalb des Reitplatzes

Tun Sie sich und Ihrem Pferd einen Gefallen und reiten Sie nicht ausschließlich in der Bahn oder Halle.

Ein Ausritt ist aber auch nicht zwingend dazu gedacht, um sich im „Off-Modus" einen Feldweg entlang zu schleppen. In Feld und Flur findet sich immer ein Platz für eine Volte, ein Schenkelweichen, sogar eine Traversale ist auf jedem Feldweg möglich, trotz des Grünstreifens in der Mitte. Alle Dressurlektionen sind ohne Ausnahme auch außerhalb des Vierecks möglich und für einen Worker sinnvoll.

Unebener Untergrund ist keine Gefahr und erhöht auch nicht das Verletzungsrisiko, sondern ist völlig normal. Ein abgezogener Reitplatz als einzige Möglichkeit sich zu bewegen ist eher unnatürlich. Im Gelände lernt das Pferd Trittsicherheit, Balance und Selbstvertrauen. Ein Galopp über mehrere Hundert Meter in freier Natur löst auch manchen mentalen Knoten und lässt unser Pferd zufrieden abschnauben.

Um am Waldrand stehende Bäume kann man wunderbar einen Slalom reiten - vorwärts und rückwärts, in allen Gangarten. Einen abfallenden Weg kann man auch hinunter traben, ja sogar galoppieren. Ein erspähter Baumstamm ist ein willkommenes

Das Reiten in steilem, unwegsamem Gelände fordert dem Pferd Vertrauen, Geschick, Trittsicherheit und Mut ab. (Foto: Alison Marburger)

Hindernis. Sie haben sogar einen Bach in der Nähe des Stalls? Na, dann nichts wie hin! Nutzen Sie alles, was sich ergibt, um mit Ihrem Pferd Gemeinsames zu erleben. Ihr Pferd steht in einer reizarmen Gegend? Dafür gibt es Pferdeanhänger. Fahren Sie ruhig ab und zu in schönes Ausreitgelände, wo sich ungeahnte Trainingsmöglichkeiten auftun.

Sinnvolle Trailarbeit mit wenig Aufwand

Drei beziehungsweise vier verschiedene Disziplinen zu trainieren erfordert viel Zeit und auch viel Platz.

Es hat sich bewährt, die drei Aufgaben zu kombinieren. Mit ein paar Pylonen und drei oder vier Stangen lässt sich schon ein sehr schöner Parcours gestalten, der auch der Dressurausbildung zugutekommt. Darüber hinaus sorgt er für Abwechslung und fordert das Pferd auch mental.

So können die Pylonen des Slaloms unter anderem auch als Mittelpunkt für die Pirouetten und Volten oder als Fixpunkt für das exakte Anhalten oder zielgerichtetes Schenkelweichen beziehungsweise Traversieren dienen.

Zwei parallel gelegte Sprungstangen benutzen wir nicht ausschließlich, um unser Pferd geradeaus rückwärtszurichten, sondern auch für den Sidepass sowie zielgenaues Durchreiten des Engpasses im Trab oder Galopp. Auch das gerade, auf den Punkt Angaloppieren können Sie darin hervorragend erarbeiten.

Zwei gebrauchte Europaletten und eine stabile Siebdruckplatte ergeben zum Beispiel außerdem eine trittsichere und stabile Brücke. Hier also mein Vorschlag für einen sinnvollen Trailparcours, der sich mit geringen Mitteln und wenig Aufwand verwirklichen lässt.

DIE DREIER-TONNEN

Sie werden der Einfachheit halber durch Pylone ersetzt, die drei bis vier Meter von der Bande entfernt im Abstand von sechs bis acht Metern zueinander in einer Ecke platziert werden. So nutzen wir die Begrenzung durch die Bande oder den Zaun des Reitplatzes sinnvoll für unser Training. Um die Pylonen herum können wir enge Volten reiten, in den Biegungen Schulterherein oder Kruppeherein abfragen und dabei kontrollieren, wie flüssig diese Lektionen schon abrufbar sind. Mithilfe von Hütchen kann auch das im Trail geforderte Rückwärts um die Pylonen erarbeitet werden. Im Laufe der Gymnastizierung und mit steigender Gelenkigkeit unseres Pferdes platzieren wir die Pylonen näher an der Bande und verkleinern die Abstände zueinander. So fordern wir unser Pferd dazu auf, die Volten enger zu nehmen und vermehrt Last mit der Hinterhand aufzunehmen, sich also zu versammeln. Aber Achtung, lassen sie keinen Automatismus zu! Reiten Sie ruhig auch mal an den Pylonen vorbei oder einfach zwischen ihnen hindurch. Gestatten Sie Ihrem Pferd keinen vorauseilenden Gehorsam. Die Pylonen sollen es zwar dazu anhalten, selbige als Fixpunkte selbst zu erkennen und auch zu akzeptieren, jedoch nur nach Aufforderung. Seien Sie cleverer als Ihr Pferd.

Working Equitation für Zuhause

DER SLALOM

Wir bauen das Hindernis Dreier-Tonnen nun mithilfe von zwei oder drei Pylonen aus. Wir nutzen sie nun mit für die Slalomstrecke. Zunächst im Schritt, alsbald im lockeren Trab meistern wir den Slalom auf allen erdenklichen Wegen, also zum Beispiel auch aus der Ecke kommend. Bald können wir einzelne Bögen des Slaloms auch im Galopp bewältigen. Zum Richtungswechsel parieren wir zum Trab durch. Später können wir einfache Galoppwechsel über Trab oder Schritt erarbeiten, bevor unser Pferd die fliegenden Wechsel erlernt und das Slalomreiten so zu einer besonders kniffligen Aufgabe werden lässt.

DER SIDEPASS

Mit einer einzelnen Stange auf dem Boden ergeben sich bereits vielfältige Möglichkeiten. Wir legen sie zunächst in einem Abstand von 1,20 bis 1,50 Metern von der Bande entfernt parallel dazu auf den Boden.

Nun kann die Stange im Kruppeherein oder -heraus fließend und kontrolliert erarbeitet werden. Sie bietet sich auch als Hilfsmittel an, um das Anhalten auf den Punkt aus allen Gangarten zu trainieren. Die Stange kann im Travers, im Sidepass oder im Schenkelweichen passiert werden.

DAS STANGEN-L

Das Stangen-L im 45-Grad-Winkel bildet die Vorstufe zum Stangen-L, wie es auf dem Turnier abgefragt wird. Es ist oft hilfreich, die Ecke zunächst etwas zu entschärfen, um den reiterlichen Fluss zu erhalten. Die Stangen werden im Abstand von 1,30 bis 1,50 Metern zueinander in einer Ecke platziert. Der Abstand wird mit zunehmender Übung auf einen Meter reduziert. Alle Übungen können hier fließender erarbeitet werden, sowohl das Durchreiten in allen drei Gangarten als auch die punktgenauen Übergänge. Die innere Stange kann dann auch komplett im Schulterherein oder Kruppeherein oder -heraus bewältigt werden. Je nach Geschick verengen wir die Gasse und ändern behutsam den Winkel, um uns langsam den gewünschten 90 Grad zu nähern. Das Rückwärts um eine 90-Grad-Ecke wird hier genauso geübt wie der Sidepass um eine Ecke. Je nach Richtung zeigen wir dann genau in der Ecke eine Viertelpirouette um die Hinter- oder Vorhand.

STANGENKREUZ

Ein besonderer Luxus, wenn Sie Zeit und Platz haben. Alles Vorgenannte kann man hier nochmals vertiefen und variieren. Unendliche Möglichkeiten der Gymnastizierung sind gegeben, allerdings nun mit erhöhtem Schwierigkeitsgrad, da die Begrenzung der Bande fehlt. Das Stangenkreuz besteht aus acht Sprungstangen, die so auf den Boden gelegt werden, dass Gassen mit 1,20 bis 1,50 Metern Breite entstehen. Jetzt haben sie quasi ein vierfaches Stangen-L, in dem sie sowohl rechts als auch links abbiegen können. Hier können Sie all Arten des Sidepass trainieren, mit einer Mittelhandwendung genau in der Mitte wenden oder es einfach einfach durchreiten.

SINNVOLLE TRAILARBEIT MIT WENIG AUFWAND

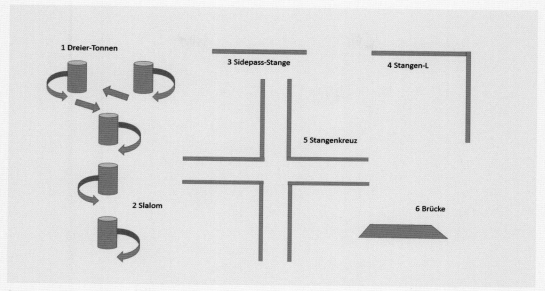

So kann Ihr eigener Mini-Trailparcours aussehen. Stangenlänge 3 Meter, Abstand der Tonnen 5 Meter. (Skizze: Sarah Koller)

Wenn sie einen Zirkel mit einem Durchmesser von sechs oder sieben Metern reiten können, können sie die Stangen als Cavalettiersatz nutzen und vieles mehr. Besonders die gleichzeitige Möglichkeit rechts oder links abzuwenden beziehungsweise gerade hindurch zu reiten, sowohl vorwärts als auch rückwärts, veranlasst unser Pferde ganz genau auf unsere Hilfengebung zu achten. Ein vorauseilender Gehorsam wird so unmöglich. Lassen Sie sich den Luxus dieses einfachen Hilfsmittels keinesfalls entgehen, wenn Ihr Reitplatz entsprechende Möglichkeiten bietet.

Mit diesen schnell und einfach aufzubauenden Elementen können Sie Ihr Pferd fast komplett für einen Trail vorbereiten. Vielleicht bauen Sie alle paar Wochen noch eine Plane, deren Ränder Sie gut befestigen müssen und eine Brücke in Ihren Parcours ein und schon haben Sie lange Zeit viel Spaß und vor allem Lernerfolge. Zwei Springständer, die ein Seil in Höhe des Widerrists spannen, ergeben zudem ein wunderbares Tor. Der Schwierigkeitsgrad kann später noch durch eine Jacke oder Plane erhöht werden, die man über die Ständer hängt.

Aber achten Sie darauf, immer wieder die Platzierungen und Richtungen zu wechseln. Jeder Automatismus muss verhindert werden. Umrunden oder kreuzen Sie die Hindernisse im täglichen Training also auch einfach mal ohne sie zu bewältigen. Oder erhöhen Sie die Anforderungen dadurch, dass Sie die Hindernisse frei in der Bahn aufstellen. Die Dreier-Tonnen zum Beispiel mit Unterstützung der Bande oder Ecke zu reiten ist eine Sache, sie aber frei in der Bahn zu bewältigen eine ganz andere. Jetzt kann unser Pferd ausweichen, ausfallen und ausscheren.

Working Equitation für Zuhause

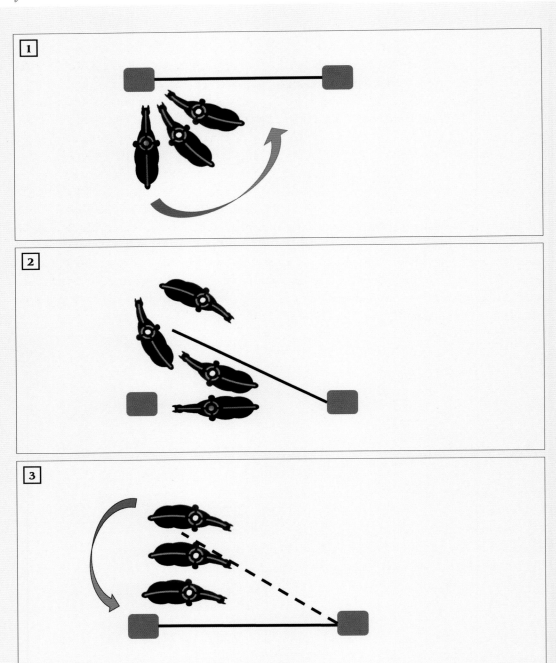

Das Durchreiten des Tores in drei Schritten: Reiten Sie das Tor frontal an, stellen Sie sich dann mit einer Viertel-Vorhandwendung parallel zum Tor auf und heben den Riegel an. Öffnen Sie es via Sidepass und zeigen Sie dann eine enge halbe Volte. Im dritten Schritt schließen Sie das Tor wieder mittels Sidepass. (Skizzen: Sarah Koller)

SINNVOLLE TRAILARBEIT MIT WENIG AUFWAND

Nun zeigt sich die Dressurausbildung und unsere Fähigkeit, das Pferd mithilfe der Schenkeleinwirkung bei uns zu halten. Auch die Travers-Stange und das Stangen-L eröffnen unserem Pferd freistehend auf dem Platz ganz neue „Horizonte". Genauso ist es beim Slalom, der plötzlich nach allen Seiten offen ist. Allein aus der örtlichen Veränderung ergeben sich wieder neue Probleme und Aufgaben, die erarbeitet werden müssen.

Je nach Gelände und Örtlichkeit platziere ich hin und wieder auch entlang meiner Ausreitstrecke ein paar Hindernisse, und wenn es nur ein oder zwei Stangen oder Pylonen sind, die ich mit einem oder mehreren Bäumen kombinieren kann. Und schon habe ich ein völlig neues Hindernis an einem neuen Ort, vielleicht sogar mit etwas Gefälle oder Ablenkung in der Nähe.

Wählen Sie Ihre Ausreitstrecke doch auch einmal so aus, dass Sie gefahrlos an natürlichen Trailhindernissen vorbeikommen. Ein umgefallener Baum, ein Bächlein, eine Ruhebank – alles können wir mit etwas Fantasie für unsere Zwecke nutzen. Selbst eine Mülltonne auf Rädern kann uns dienlich sein. Wir können seitlich heranreiten, den Deckel öffnen und fallen lassen oder die Tonne ein Stück bewegen. Wir zeigen unserem Pferd alles Mögliche und Unmögliche. So ist schon aus manchem hypersensiblem Angsthasen ein Verlasspferd geworden.

Im Schritt hat Ihr Pferd die Möglichkeit, sich alles in Ruhe anzuschauen und Sie können sich auf korrektes Reiten konzentrieren. Hier Dreier-Tonnen, dargestellt durch drei Pylone. (Foto: Alison Marburger)

(Foto: Alison Marburger)

ANHANG

Weiterführende Links und Adressen

Für Informationen und Turnierausschreibungen:
Arbeitsgemeinschaft Working Equitation Deutschland
www.working-equitation-deutschland.de

Working Equitation Deutschland e.V.
www.w-e-dt.de

Für Lehrgänge und Schulungen:
Working Equitation College
www.working-equitation-college.com

Für den richtigen Worker-Sattel:
Omega Sättel, Cavecons und Garrochas
www.signum-sattelservice.de

Anahng

Über den Autor

(Foto: Gaby Brockers)

Stefan Baumgartner ist Gründer und Initiator der Working-Equitation-Bewegung in Deutschland, von Beruf Sattelkonstrukteur und -designer und seit mehr als 40 Jahren Reiter aus Leidenschaft.

In buchstäblich vielen Sätteln zu Hause, schlägt sein Herz jedoch besonders für die feine Auslegung der Doma Vaquera. Er lebt seit einigen Jahren in Andalusien, also am Puls der traditionellen Arbeitsreitweise. Diese Tradition wird dort noch gepflegt und so nimmt der Autor Sie gerne an die Hand, um Ihnen die Welt der Working Equitation zu zeigen.

Besonders die Basis, also das motivierte, aktive, mitmachende Pferd liegt dem Autor am Herzen. Sein beherzter Appell „Lasst eure Pferde lernen, euch und eure Welt zu verstehen" zeigt dem interessierten Leser neue Wege einfühlsame, aber konsequente Strategien in der Pferdeausbildung anzuwenden.

Zum Weiterlesen

Nuno Oliveira	Britta Schöffmann	Linda Weritz	Linda Weritz
Notizen zum Unterricht	**Die Skala der Ausbildung**	**Das Lernverhalten der Pferde**	**Gesunder Pferdeverstand für Menschen**
Olms Verlag, 2011.	Kosmos Verlag, 2005.	Cadmos Verlag, 2005.	Cadmos Verlag, 2006.

Glossar

Cavecon
Das Cevacon ist ein leichter Kappzaum mit drei Ringen auf dem Nasenstück. Dieses Nasenstück besteht aus einer mit Leder ummantelten Kette, die sich der Pferdenase gut anpasst. Die Ringe ermöglichen ein seitliches Einschnallen der Longe und so eine feine Einwirkung.

Galerie
Als Galerien werden die Erhöhungen vor allem im hinteren Bereich der Arbeitssättel bezeichnet. Sie bieten dem Reiter auch bei schnellen Seitwärts- oder Vorwärtsbewegungen des Pferdes in der Rinderarbeit einen optimalen Sitz im Sattel.

Garrocha
Die Garrocha ist ein etwa drei bis vier Meter langer Holzstab, der konisch von drei auf fünf Zentimeter zuläuft. Sie stammt aus dem iberischen Raum und wird dort traditionell bei der Arbeit mit Rindern genutzt. Das Reiten mit der Garrocha erfordert viel Geschick und Umsicht, denn die Spitze ist aus Eisen. Sie hat einen Teller, der tiefe Wunden nicht zulässt, aber mit ihrer Hilfe verschafft sich der Vaquero den nötigen Respekt der Rinder.

Kimblewick
Dieses Gebiss hat seinen Ursprung im Fahrsport und wird mit einem Zügel genutzt. Es wirkt etwas leichter ein als die meisten Pelham. Je tiefer der Zügel eingeschnallt wird, desto intensiver wirkt das Gebiss. Es bietet sich aufgrund der kurzen Aufzüge gut für den Übergang von der einfach gebrochenen Trense hin zur Kandare an, die bei Abschluss der Ausbildung einhändig geführt wird. Für unerfahrene Hände ist es dennoch nicht geeignet.

Media Vuelta
Diese "gesprungene" 180-Grad-Wendung ist eine Lektion aus der Doma Vaquera. Sie ist eine sehr schwere Lektion, die dem Roll Back der Westernreiter nicht unähnlich ist. Aus allen drei Grundgangarten erfolgt eine fast ganze Parade. Das Pferd soll jedoch nicht tatsächlich zum Stehen kommen, sondern eine fließende Wendung, wenn möglich in einem Sprung, absolvieren. Dies ist die schnellste Möglichkeit, sein Pferd zu wenden und wieder in eine andere Richtung zu reiten. Ihren Ursprung dürfte die Media Vuelta in der antiken Kriegsreiterei haben. Denn derjenige, der nach einem Zusammenprall als erster wieder Angreifen konnte, hatte einen lebenswichtigen Vorteil. Heute noch ist sie ein elementares Werkzeug aller Rinderhirten weltweit.

Pelham
Das Pelham ist ein Hebelgebiss, also eine Kandare, bietet jedoch die Möglichkeit auf Höhe der Gebissstange einen zweiten Zügel einzuschnallen, der dann ohne direkte Hebelwirkung zum Einsatz kommt. Somit haben wir zwei Zügel, die völlig unterschiedlich einwirken. Der untere "Kandarenzügel" wirkt dann mittels Hebel und Kinnkette ein. Ein zügelunabhängiger Sitz und ruhige Hände sind Voraussetzung für eine pferdegerechte Nutzung des Gebisses.

Serreta
Die Serreta ist eine traditionelle iberische Ausbildungszäumung. Das Nasenstück besteht aus einem, der Pferdenase nur bedingt anpassungsfähigen, lederummantelten Stahlbügel, der auf der Unterseite häufig gezahnt ist. Die Serreta ist der am schärfsten wirkende Kappzaum, der an ein mittelalterliches Folterinstrument erinnert und in der heutigen Pferdeausbildung nichts mehr verloren hat.

Trident
Der Trident ist der traditionelle Stierhüterstab der Gardians, also der Rinderhirten Südfrankreichs. Er ist circa 2,5 Meter lang und hat den berühmten eisernen Dreispitz oben auf. Auch in der Camargue wird er zum Treiben und Abwehren der halbwilden Rinder verwendet.

469 Bau

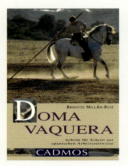

Brigitte Millan-Ruiz:
DOMA VAQUERA

Iberische Arbeitsreitweisen erfreuen sich zunehmender Beliebtheit. Als Kernstück dieser Reitweisen kann die Doma Vaquera angesehen werden. Die gefährliche traditionelle Reitkunst der spanischen Rinderhirten fordert ein enges Vertrauensverhältnis zwischen Reiter und Pferd. Die heutige Doma Vaquera lebt in Spanien in Form einer anspruchsvollen Dressur, die Harmonie, Eleganz, Leichtigkeit und Dynamik vereint, auf.

 Nur als E-Book erhältlich. 204 Seiten, 14,99 €

Daniela Bolze
UND SIE SPRECHEN DOCH

Mit ihrem vielfältigen Ausdrucksverhalten sind Pferde immer wieder für eine Überraschung gut.
Anhand konkreter Beispiele und der wundervollen Bilder von Christiane Slawik wird das Auge des Lesers für die Kommunikation der Pferde untereinander und mit den Menschen geschult.

128 Seiten brochiert,
farbig, 19,90 €
ISBN 978-3-8404-1023-9
 Auch als E-Book erhältlich

Renate Ettl
SO BLEIBT IHR PFERD COOL UND GELASSEN

Ein gewisses Maß an Disziplin und Gehorsam sollte in jeder reiterlichen Situation selbstverständlich sein, um die Sicherheit des Reiters und den unfallfreien Umgang mit dem Pferd zu gewährleisten.
Dieses Buch ist nicht nur ein Leitfaden für sicherheitsbewusste Reiter, die sich demnächst der Prüfungsherausforderung stellen möchten, sondern auch ein Ratgeber mit vielen Übungen und Hintergrundwissen über die natürlichen Verhaltensweisen.

80 Seiten brochiert,
farbig, 10,95 €
ISBN 978-3-86127-545-9
 Auch als E-Book erhältlich

Gudrun Waiditschka
LUSITANOS

Das Pferd der Könige! Seit jeher fasziniert der Lusitano, das Charakterpferd aus Portugal, die Menschen aufgrund seiner Schönheit, seiner graziösen Bewegungen und seines ausgezeichneten Interieurs. Er ist ein idealer Freizeitpartner, der sich aufgrund seiner großen Leistungsfähigkeit und Intelligenz für die klassische Reitkunst bis zur hohen Schule, bewährt hat, aber auch sehr sensibel ist und damit nicht unbedingt ein Pferd für Anfänger.

80 Seiten gebunden,
farbig, 9,90 €
ISBN 978-3-86127-362-2

Susanne Geipert/ Christine Slawik
LEGENDÄRE PFERDE DER BERBER

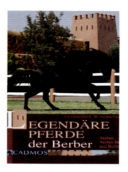

1001 Legenden ranken sich um die Pferde Nordafrikas. Nachhaltig beeinflussten Araber und Berber den größten Teil aller heute existierenden Pferderassen, von ihren außergewöhnlichen Eigenschaften profitieren noch heute Züchter der verschiedensten Rassen - ob nun Andalusier oder Englisches Vollblut. Seine vielseitige Verwendungsmöglichkeit, vor allem aber auch seine Intelligenz und Menschenbezogenheit machen das Berberpferd zu einem ganz besonderen Sport- und Freizeitpartner.

96 Seiten gebunden,
farbig, 19,95 €
ISBN 978-3-86127-432-2

CADMOS www.cadmos.de
Cadmos Verlag GmbH | Röntgenstraße 34 | D-21493 Schwarzenbek | Tel. +49 (0)4151/87907-0 | Fax +49 (0)4151/87907-12